Bibliothèque Gilon

L'Anglais chez lui

LES

Institutions Politiques

PAR

W. F. BARING

1. 50

BUREAU
11, PONT St-LAURENT, 11
VERVIERS

MDCCCLXXXIV

La BIBLIOTHÈQUE GILON est patronnée par le Conseil Général de la LIGUE BELGE DE L'ENSEIGNEMENT, composé de :

MESSIEURS

G. Jottrand, ancien représentant, président ;
Ch. Graux, sénateur, ancien ministre des finances ;
P. Tempels, auditeur général près la Cour militaire, v.-p. ;
Ch. Buls, bourgmestre de la ville de Bruxelles, secrét. général ;
Alfred Convert, avocat, trésorier général ;
Le comte Goblet d'Alviella, ancien représentant, secrétaire ;
Adolphe Prins, avocat, inspect[r] gén[l] des prisons du royaume ;
Maurice Van Léc, homme de lettres, bibliothécaire ;
† Ernest Allard, représentant et conseiller communal ;
Henri Bergé, ancien représentant ;
A. Couvreur, ancien vice-président de la Chambre ;
Jean Crocq, sénateur, professeur à l'Université de Bruxelles ;
Émile De Laveleye, professeur à l'Université de Liège ;
† Dr Hippolyte Delecosse, échevin de la ville de Bruxelles ;
Adolphe Demeur, ancien représentant ;
G. Duchaine, avocat à la Cour d'appel de Bruxelles ;
Émile Féron, avocat et ancien représentant ;
Guillery, ancien président de la Chambre des Représentants ;
Jules Guilliaume, homme de lettres ;
Le Hardy de Beaulieu, ancien vice-président de la Chambre ;
Henri Marichal, conseiller communal à Ixelles ;
Hermann Pergameni, avocat ;
† Albert Picard, présid[t] du Conseil provincial du Brabant ;
Ernest Reisse, conseiller provincial ;
Nicolas Reyntiens, sénateur ;
† Optat Scailquin, conseiller comm[l] et ancien représentant ;
A. Sluys, directeur de l'École normale de Bruxelles ;
Tiberghien, membre de la Députat[n] permanente du Brabant ;
† E. Van Bemmel, profess[r] à l'Université de Bruxelles ;
A. Van Camp, directeur général au ministère de l'intérieur ;
Vanderkindere, recteur de l'Université et anc[ien] représentant ;
P. Van Humbeeck, ancien ministre de l'Instruction publique ;
François Van Meenen, avocat ;
Jos. Van Schoor, sénateur.

VOLUMES EN VENTE

Prière de demander le catalogue au Bureau, rue pont St-Laurent, 30 Verviers

Chaque numéro forme un volume à 60 centimes

1 à 6. Ch. Potvin : « Du Gouvernement de soi-même » : Petits traités des connaissances nécessaires à tous les hommes, 6 vol. (épuisés). 1. Les Principes ; 2. Le Devoir ; 3. La [illegible] privée ; 4. La Patrie ; 5. Le Travail ; 6. Les Nations. — 7. H. Pergameni : Le Secret de [illegible]maine, nouvelle (épuisé). — 8. Mme Deros : La Famille Gerelin ou les Victimes des [illegible]ugés, 2me éd. — 9. Doct. H. Boëns : L'Art de Vivre. Traité général d'Hygiène. Éd. abrégée pour la jeunesse, 1 v. 60 centimes. 2me éd. Édit. complète, 1 v. [illegible]nné, 1 fr. 2me éd. — 10. C. Flammarion : Tableau de l'Astronomie, 3me mille. — 11. C. Lemonnier : En Brabant, contes, 2me éd. — 12. De Linge : Hermann & Dorothée, de Goethe, trad. en vers, 3me éd. — 13. C. A. Saneau : La Faim & la Soif, 2me éd. — 14. F. [illegible] : Le Livre de l'Épargne, 4me éd. — 15. F. Gravrand : Notes de voyage : De Bruxelles [illegible], 2me éd. — 16. Em. Leclercq : Contes populaires, 2me éd. — 17. Mme Gorein : L[illegible] des Femmes. Hélène (épuisé). — 18. E. Gilon : Nos Dents. Hygiène de la bouche, 2me éd. illustrée de 36 vig. — 19. Éd. Barlet : Ce que peut une jeune Fille, par Van Driessche, 2me éd. — 20. V. Galand : Ma Voisine, nouvelle. — 21. Cl. Lyon : L'Homme de Verre, 2me éd. revue. — 22. J. Chalon : En attendant Bébé. — 23. K. Grön : Le Pince-Nez. — La Forêt enchantée. — 24. J. Küntziger : Nos Luttes contre l'Intolérance & le Despotisme au XVIme siècle, avec une lettre-préface par le comte Goblet d'Alviella, 2me éd. augm. — 25. Th. Juste : Galerie historique : Joseph II, 2me éd. — 26. E. Leclercq : A quelque chose Malheur est bon, 2me éd. — 27. Aug. Lavallé : La Chasse au Mari. — Le prince Tonnerre de Canons, nouvelles pr Arnold Wellmer. — 28. Th. Juste : Galerie historique : Napoléon III. Comment on devient Empereur. — 29. Mme Rose : Contes. — 30. Alf. Bruneel : Dans le Nord : Suède, Norvège & Danemark, 1 vol. avec carte, 2me éd. — 31. A. Duverger ; L'Inquisition en Belgique. — 32. V. Lefèvre : Huit Jours en Allemagne, 2me éd. — 33. H. Pergameni : Dix Ans d'Histoire de Belgique, 2me éd. — 34. P. de Bruycker : Les Glaciers, 2me éd. — 35. C. Lemonnier : Les Bons Amis, conte, 2me éd. — 36. J. Chalon : Aux Pyrénées, 2me éd. — 37. Cl. Lyon : La Houille, 2me éd. refondue. — 38-39. F. Croquet : La Constitution Belge commentée, 2 v. — 40. Th. Juste : Galerie historique : Frédéric le Grand, 2me éd. — 41. J. Chalon : Un Mois en Tunisie. — 42. Doct. H. Richald : La Santé de l'Enfance, 3me éd. — 43. H. Testard : Théodore Parker. — 44. Alf. Bruneel : Souvenirs de voyage : Constantinople & Athènes. — 45. Doct. H. Richald : De la Nourriture de l'Homme. — 46. C. Lemonnier : Trois Contes. — 47. Th. Juste : La Belgique indépendante. — 48. F. de Grave : Chapuis, avec autographe, 3me éd. augm. — 49. A. Lallemand & A. Piters : 1830-1880. Extraits des Œuvres patriotiques des Poëtes belges. — 50. Th. Juste : Les Jésuites. — 51. Mme Deros : Les Mésaventures de Rosine. — 52. Edgar La Selve : Contes Anglais, pr mistress S. C. Hall, 2e éd. — 53-53 bis. Mlle Van de Wiele : Le Roman d'un Chat, 2me éd., 2 vol. — 54. Elseni & Gueury : Six Nouvelles, par Teirlinck-Stijns. — 55. Doct. Ch. Corbisier : Nord & Sud. Voyage dans les deux Amériques, 2me éd. — 56. Éd. Barlet : Monsieur Cinq-Pour-Cent, par Van Driessche. — 57. Alb. Verhaeren : Au Brésil. — 58. Mlle Eug. Darrien : Paul & Blanche. — 59. Goblet d'Alviella : Comment je n'allai pas en Espagne. Souvenirs d'un voyage dans l'Atlantique, 1 vol. av. carte. — 60. Doct. H. Robert : Le Corps humain, 1 vol. illustré de 13 vig., 2me éd. — 61. Th. Juste : Le Passé des Classes Ouvrières, 2me éd. — 62. A. Bruneel : Dam[illegible] Jérusalem, Suez. — 63. E. Gilon : Chez les Sauvages, 2me éd. — 64. L. Dumas : La Vi[illegible] Bord. — 65. É. Leclercq : Fleurs de Jeunesse : Le Fils de la Voisine. — Céleste. — É[illegible]lina, 2me éd. — 66. Th. Juste : Galerie historique : Washington. — 67. G. Mallet : [illegible] Terres, 2me éd. — 68. J. Chalon : Mes Vacances en Suisse. — 69. E. Gilon : Le Pé[illegible] 2me éd. revue. — 70. Doct. Fredericq : Les Accidents. — 71-72. Éd. de Lavele[illegible] États-Unis, 2 v. — 73. P. Combes : Bleu-de-Ciel & Pervenchette. — 74. Mlle de [illegible]

SUITE

de l'Océan. — * 75-76. Doct. Fredericq : Hygiène
: L'Ancien Régime. — * 78. E. Greyson : Bons ou Mauvais
Leynemuer : Récits Gantois, pr Pierre Geiregat. — * 80.
la Comtesse d'Artois, avec une lettre-préface pr Ch. Potvin.
able Honneur, avec une lettre-préface par le comte Goblet
Bois : A travers l'Italie. — 83. P. Combes : Les Idées d'un
Gueury : Devoirs & Joies du Peuple, par Pierre Geiregat. —
voyage : Le [illegible]zkammergut. — 86. P. Combes : Contes
Deros : Les Histoires de Tante Julienne. — * 88. A. C. Kourbsky
De Hambourg à Chicago. — * 89. L. Hymans : Le Mont-Cenis
R. Gange : Un Jeune Poète à Paris. — 91. Th. Juste : Galerie historique
— 92. C. Malaise : Simples Causeries sur la Botanique,
Caroline Gravière : La Servante, avec une préface par Camille
Rahlenbeck : La Belgique & les Garnisons de la Barrière
Poésie populaire. — 96. J. de Mauriac : Les Jeudis de
l'Architecture — 1 vol. avec 6 planches. — 97. Ém. Greyson : Aventures
98. L. Hymans : Confucius. — 99. Mme Lafonge-Agimont : Ce que
— 100. Th. Bost : La Liberté par l'Instruction. — 100 bis. P. Combes
elzévirienne vendue au profit d'œuvres d'enseignement. — 101. P. Combes : Les
Pôles de l'Infini. — 102. Elseni & Gueury : Scènes Familières, par Virginie & Rosalie
Loveling. — 103. Alf. Michiels : Memline, sa Vie & ses Ouvrages. — 104. Aug. Lavallée
Juifs & Russes, Idylles, par L. de Sacher-Masoch. — 105. F. G. Haghe : Les Papes & la
Belgique du XVIe siècle & d'aujourd'hui. — 106. J. de Mauriac : Souvenirs de voyage en
Hollande. L'oncle Van Beck. — 107. Elseni & Gueury : Tante Sidonie, par Mme Courtmans,
avec une préface par Paul Fredericq. — 108. Th. Juste : Galerie historique : Cavour. —
109. Gueury & Grégoire : Le Sourd-Muet, avec 2 planches. — 110. P. Combes : Cage dorée.
— 111. Ém. Greyson : Entre Bourgeois. — 112. Mlle Juste : Contes Écossais, par Charles
Gibbon. — 113. Elseni & Gueury-Dambois : Boas Colder, par Teirlinck-Stijns. — 114. Th.
Juste : La Justice des Princes-Évêques de Liége. — Le Procès du chanoine Sartorius. —
115. E. Boulland : En Afrique centrale. — 116. A. Lejeune : Le Ciel & la Terre, vol.
illustré de 36 vig. — 117. Alb. Verhaeren : La Plata. — 118. F. Gravrand : Mon Fils ! par
S. Farina, tome I. — 119. P. Combes : Le Darwinisme. — 120. Ém. de Harven : La Nouvelle Zélande. — 121. J. Chalon : Quelques Expériences de Chimie, avec 15 vig. — 122.
Jules Carlier : Richard Cobden. — 123. A. C. Kourbsky : Souvenirs d'un Émigrant : La
Lutte pour l'Existence. — 124. R. Serrure : La Monnaie en Belgique, 1 vol. avec 1 plan-
che. — 125. L. de Sagher : Les Musiciens Liégeois : Grétry, Gresnick, J. N. Hamal. —
126. F. Gravrand : Mon Fils ! par S. Farina, tome II. — 127. P. Combes : Le Merveilleux
dans la Nature. — 128. Ém. Canderlier : Une Excursion en Sicile. — 129. Mme Pora-
dowska-Gachet : Tournesol. — 130. Th. Bost : Le Père de Famille. — 131 F. Gravrand :
Mon Fils ! par S. Farina, tome III. — 132. Elseni & Gueury-Dambois : La Perle du
Hameau, par Mme Courtmans. — 133. Th. Juste : Galerie historique : William Pitt. —
[1]34. J. B. Rosy : La Monnaie & les Machines. — 135. Mlle Juste : Contes honnêtes, par
[H]annah Lawrance & Frédéric-William Robinson. — 136. Th. Juste : Le Compromis des
[No]bles. — 137. Elseni & Gueury-Dambois : Où gît le Bonheur, par Pierre Geiregat. —
[13]8. F. Gravrand : Mon Fils ! par S. Farina, tome IV. — 139. Mlle Mary de Romans :
[R]omans de Bêtes. — 140. Mme Deros : Pierre le Chercheur. — 141. L. Trasenster : L'Ins-
[t]ruction supérieure de la Femme. — 142. P. Combes : L'Ane à Tomy. — 143. Mlles M.
[de] Laveleye & V. Fredericq : Le Manuscrit de la Grand'Mère, par Grâce Pierantoni-Man-
[c]ini. — 144. J. Chalon : Le Monde tel qu'il est. — 145. W. F. Baring : L'Anglais
[ch]ez lui. Les Institutions politiques.

[L]es ouvrages précédés d'un * sont adoptés par le Conseil de perfectionnement.

[Il s]uffit, dans les commandes, de donner les numéros d'ordre des volumes que l'on désire.

Il paraît chaque mois deux nouveaux ouvrages

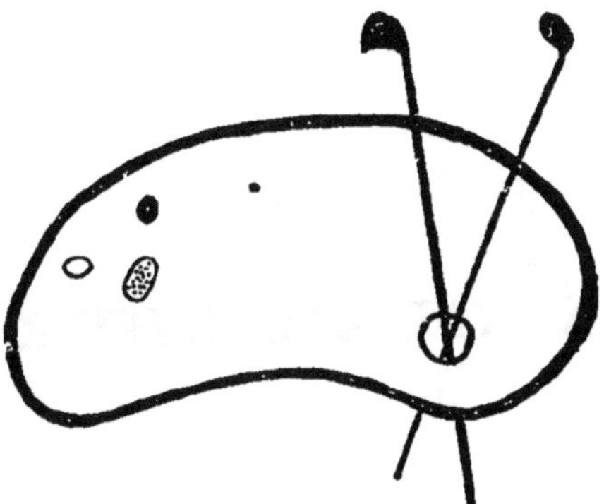

FIN D'UNE SERIE DE DOCUMENTS
EN COULEUR

L'ANGLAIS CHEZ LUI

Un livre volumineux et d'un prix élevé peut être comparé à un vaisseau qui ne peut débarquer ses marchandises que dans un grand port. — De petits traités ressemblent à de légers bateaux qui peuvent pénétrer dans les baies les plus étroites, pour approvisionner toutes les parties d'un pays.

Bibliothèque Gilon

L'Anglais chez lui

LES

Institutions Politiques

PAR

W. F. BARING

BUREAU
11, PONT St-LAURENT, 11
VERVIERS

MDCCCLXXXIV

Les manuscrits et les demandes d'abonnement doivent être adressés directement au Bureau de la Bibliothèque Gilon, pont St-Laurent, à Verviers (Belgique).

W. F. Baring, né à Londres, habite Bruxelles. Il collabore à la *Revue de Belgique* et à divers journaux anglais.

LE PARLEMENT ANGLAIS

Dans les pages suivantes, nous ne nous sommes pas livré à une étude approfondie des trois pouvoirs dont se compose le parlement anglais. Ce travail a été fait maintes fois par des plumes plus autorisées que la nôtre. Nous n'avons eu d'autre prétention que d'esquisser à grands traits les droits réciproques de la couronne et des deux corps législatifs, de donner quelques détails sur les privilèges et les usages des deux chambres, sur les réformes déjà faites ou projetées, dans le règlement de la chambre des communes, sur celles plus importantes qui menacent l'existence même de la chambre héréditaire. Notre but sera rempli si nous réussissons à intéresser les lecteurs d'un pays dont les institutions ont beaucoup d'analogie avec celles de l'Angleterre, qui conserve comme elle, de plein gré, le régime de la royauté, tout en étant passionné pour la liberté, et qui marche d'un pied assuré à la conquête des réformes, sans oublier que *réformer* n'est pas synonyme de *détruire*.

LA COURONNE

Politiquement, la couronne n'est plus qu'un zéro, tout au plus peut-on dire que, zéro bien placé, elle donne un surcroît de valeur aux deux autres états qui concourent à faire les lois. En théorie, le souverain déclare la guerre, fait la paix, conclut les traités, convoque, proroge et dissout les chambres; de plus la constitution lui accorde le droit d'arrêter toute législation en refusant son assentiment aux mesures votées par les corps parlementaires. Au XVIe siècle, ces droits étaient bien réels ; à la fin du XIXe, déclarations de guerre, traités de paix et d'alliance, dissolutions de la chambre représentative sont le fait des ministres qui dépendent eux-mêmes de la majorité dans les communes. Quant à la convocation du parlement, ni roi ni ministre ne peuvent s'y soustraire, la chambre basse s'étant assuré depuis près de deux siècles une réunion annuelle en ne votant les impôts que pour l'année courante. Reste le veto, prérogative d'une extrême importance; celui-là existe toujours; rien n'empêche la reine d'imiter sa grande devancière Élisabeth, qui annula quarante-huit bills l'un après l'autre; mais par le fait, pour trouver un veto royal, il faut remonter au règne de la reine Anne, à l'an 1707.

Tout le monde connaît le pouvoir qui gouverne de nos jours la Grande-Bretagne. Il est presque inutile de rappeler qu'en l'an de grâce 1884 la couronne, les ministres, la pairie héréditaire et même les communes sont les très humbles serviteurs de l'opinion publique. Que la popularité vienne à faire défaut à un ministère et quelle que soit la majorité qui le soutient à la chambre basse, dans un temps donné, sa chute est certaine. Par des meetings et par l'intermédiaire de la presse, le pays réclame de nouvelles élections et ces élections témoignent hautement de la souveraineté du peuple anglais. Parfois même, elles amènent un déplacement si considérable de la majorité au corps représentatif que les chefs du parti victorieux en sont eux-mêmes étonnés.

Avant d'arriver à pareils résultats, avant de conquérir des droits si précieux, la nation a passé par bien des luttes, sanglantes parfois, mais la victoire lui est toujours restée et cela parce que ses représentants se sont arrogé de bonne heure un pouvoir prépondérant, (devenu absolu à la fin du XVIIe siècle) sur le plus puissant levier que l'on connaisse en ce monde, sur ce vil métal, faute duquel les rois ne sont — c'est le cas de le dire — que de bien pauvres sires.

Sous Édouard Ier — 1272-1307 — le souverain faisait les lois et imposait les taxes, se souciant peu de la sanction du parlement; mais cette sanction, ses successeurs se trouvèrent forcés de l'obtenir. Sous Richard II — 1377-1395 — les rôles furent intervertis, c'était alors le parlement qui faisait les lois et le roi qui les sanctionnait. Les guerres des roses, bien que désolantes pour le pays, furent favorables aux libertés naissantes; les deux premiers rois de la maison de Lancaster, régnant plutôt par droit de conquête que par droit de naissance, recherchant la popularité, et souvent à court de deniers, étaient par ces raisons mêmes disposés à augmenter le pouvoir du parlement et à respecter les lois, ce qui faisait dire à Philippe de Comines que de tous les pays qu'il avait visités, l'Angleterre était celui où le peuple lui paraissait le moins opprimé.

Le XVIe siècle vit l'assujettissement du parlement à la volonté impérieuse des Tudors, le conseil royal usurper les pouvoirs législatifs et les impositions, levées arbitrairement, devenir des emprunts forcés. Cependant Henri VIII, qui n'éprouvait aucune difficulté à se faire proclamer par son parlement, chef de l'Église anglicane à la place de Clément VII, à se faire transférer, à ce titre, les tributs et les émoluments payés jusqu'alors au saint-siège, et plus tard à faire passer une mesure mettant à sa disposition les revenus des monastères et des cloîtres, rencontra de l'opposition quand il demanda à ses fidèles communes l'autorisation de puiser dans les bourses de ses sujets. Son ministre, le cardinal Wolsey, se rendit à la salle des délibérations en grande pompe, espérant ainsi intimider l'assemblée et se faire octroyer l'impôt demandé, mais on le reçut dans un morne silence. D'après les conseils du speaker, sir Thomas More, pas un membre ne bougea, pas une parole ne fut prononcée, ce qui ne manqua pas de mettre l'orgueilleux cardinal dans une position embarrassante. Pour terminer cette scène préparée d'avance, le speaker, feignant une soumission qu'il n'éprouvait pas, se jeta à genoux et déclara qu'il était sans autorité et ne pouvait rien faire tant que les membres de la chambre gardaient le silence. « Sur quoi, dit l'historien Roper, le cardinal, courroucé de ce que sir Thomas More n'avait point en toutes choses satisfait au désir du roi, se leva brusquement et sortit. » En fin de compte, ce roi dont les accès de colère faisaient trembler son entourage, qui décapitait ses épouses et changeait la religion de l'État, dut transiger et se contenter de la moitié de l'impôt qu'il avait demandé.

Élisabeth hérita du caractère impétueux de son père,

mais elle avait en plus de la clairvoyance et de l'adresse. Pendant le court règne de sa sœur Marie, elle avait souffert pour la cause de la réforme et la nation vit en elle le champion de la nouvelle religion. Arrivée au trône, elle eut l'habileté de profiter de sa popularité pour augmenter d'autant ses prérogatives et tenir en échec les velléités d'indépendance du parlement. On lui pardonna son usage immodéré du veto royal en raison de sa politique sage et modérée, du triomphe de ses armes et du succès de sa diplomatie.

Mais sous Jacques Ier, roi d'une capacité limitée, bon latiniste, mais pédant à l'esprit borné, la chambre des communes alla de l'avant, tenant tête au roi et acquérant une voix de plus en plus puissante dans les affaires publiques. Quand Percy, un des affiliés de la conspiration des poudres, proposa de tuer le roi afin de rétablir le catholicisme, son complice Catesby lui répondit : « A quoi bon, si le parlement continue à siéger ? » Et les conspirateurs se décidèrent à faire sauter les deux chambres aussi bien que le roi. Ils sentaient bien que l'obstacle le plus sérieux au bouleversement que les papistes désiraient, serait, sans nul doute, la chambre des communes où se trouvait déjà un nombre considérable de puritains. Cette secte, qui causait du mauvais sang à Élisabeth, que craignait Jacques Ier et contre laquelle vint se heurter Charles Ier, devait prouver une fois encore l'énorme influence de la ferveur religieuse.

Mal en prit à l'entêté successeur de Jacques Ier, de se passer de la chambre basse, de lever les impôts de son propre mouvement et de se raidir contre le puritanisme. L'autorité royale, assaillie en même temps par les partisans de la liberté constitutionnelle et par les moroses sectaires du fanatisme calviniste, sombra, et l'Angleterre donna au monde le terrible spectacle qu'on vit le 30 janvier 1645 devant le palais de Whitehall.

La lutte avec le parlement, perdue par le malheureux Charles, fut gagnée par un usurpateur bien autrement dangereux pour les libertés publiques que ne l'avait été le roi légitime, et si Olivier Cromwell avait eu un successeur capable de continuer son œuvre, c'eût été fait de longtemps du système constitutionnel. Heureusement que le fils du protecteur, Richard, préféra aux honneurs la vie d'un gentilhomme campagnard; alors la nation, fatiguée du despotisme militaire, acclama avec ivresse le retour des Stuarts. — Charles II fut bien l'homme de la situation : le pays, excédé de l'austérité des puritains, goûta la belle humeur du joyeux monarque, lui pardonna de vivre en joie et en liesse, et se montra même satisfait du relâchement des mœurs. Mais l'entourage du roi était détestable et, vers la fin de son règne, l'exécution de lord William Russell et celle du patriote Algernon Sidney le firent tomber dans une impopularité bien méritée. Charles, caractère frivole mais homme d'esprit, ne se faisait pas illusion à l'égard de ses ministres, et quand Rochester lui lut l'épitaphe qu'il avait composée à son intention et où il était dit qu'il n'avait jamais prononcé une sottise ni commis un acte sensé, l'ami de saint Évremond, loin de se fâcher, répondit : « C'est vrai, mes paroles sont à moi, mes actes sont ceux de mes ministres. » Façon débonnaire de comprendre le système de la responsabilité ministérielle ! Cependant, Charles savait qu'il y avait dans la nation un sentiment enraciné contre lequel il ne fallait pas se heurter : la haine de la papauté, détestée tout autant des épiscopaux que des dissidents. Quand le duc d'York le poussait un jour à des mesures de réaction religieuse, le roi, bien que catholique au fond du cœur, s'y refusa ! « Mon frère, lui dit-il, je suis trop vieux pour recommencer mes voyages, libre à vous de le faire si vous le désirez. » Et Jacques II n'y manqua pas.

La nation avait été de tout temps fort ombrageuse à l'égard des impôts ; depuis près d'un siècle, la question religieuse était devenue une nouvelle cause de discorde civile. Le puritanisme fut pour beaucoup dans la révolution et dans l'exécution de Charles Ier ; les anglicans et les dissidents se joignirent pour renverser et exiler Jacques II, quitte à renouveler plus tard leurs querelles de ménage. L'Angleterre préféra se donner un étranger pour roi que de voir un bigot rétablir l'ancienne foi et le pouvoir de « l'antechrist. »

Cependant, cet étranger, froid, réservé, inflexible, qui ne souriait jamais et ne s'animait que sur le champ de bataille, fit parfois regretter, sinon Jacques II, au moins le joyeux compère qui l'avait précédé. Guillaume III, accoutumé au commandement, se plia difficilement aux exigences du système parlementaire, bien que ce soit à dater de la révolution de 1688 que la souveraineté fut finalement transférée de la couronne à la chambre des communes. Le « bill des droits » qui résument les droits du peuple anglais et que les deux chambres présentèrent au prince d'Orange, établit de fait le principe qui avait causé tant de luttes, à savoir que les représentants de la nation ont seuls le droit d'imposer la nation. En même temps, l'usage fut adopté de ne voter le budget des dépenses que pour l'année courante et on inaugura le système de choisir les ministres parmi la majorité de la chambre basse au lieu de nommer un cabinet responsable à la couronne même.

C'était le principe de la responsabilité ministérielle envers le parlement, mais malgré toutes ces conquêtes, on était encore loin de l'effacement complet de la couronne comme pouvoir politique. Mettant en vigueur sa prérogative royale, Guillaume un jour refusa son assentiment à un bill ayant rapport à la procédure des deux chambres ; cette mesure touchait de près les privilèges des lords et des communes, mais aussi, au point de vue du stadthouder hollandais, elle violait ses droits de souverain. A cette époque le roi en personne donnait son assentiment aux mesures qui avaient passé par l'épreuve parlementaire. Quand Guillaume, assis sur son trône à la chambre des lords, au lieu de faire le signe de tête habituel qui dénotait qu'il acquiesçait au bill, resta droit et immobile, grand fut l'étonnement des communes. Ils quittèrent l'enceinte de la chambre des pairs pour se réunir chez eux, fermèrent à clé la porte de la salle et votèrent une remontrance énergique. Guillaume, doué de courage civil aussi bien que de bravoure, n'en eut cure et une discussion des plus graves menaçait de s'élever entre la couronne et les députés. Le moment était mal choisi, l'Angleterre, en guerre avec la France, ne pouvait se passer des talents militaires du roi et les jacobites guettaient le moment favorable pour rallumer la discorde civile. Les communes durent céder d'autant plus que le droit légal du souverain était indiscutable, cependant elles le firent de si mauvaise grâce que la couronne n'osa plus s'attaquer de front aux décisions du parlement.

Néanmoins on trouve encore un veto enregistré dans les annales parlementaires. Quatorze ans plus tard, la reine Anne refusa son assentiment à un bill sans grande importance, ce fut le dernier exercice de ce droit et à partir de l'avènement des princes de la maison de Brunswick, cette pierre d'achoppement a été mise de côté.

On commettrait une erreur cependant en supposant qu'à dater de l'an 1714, quand l'électeur de Hanovre débarqua à Gravesend pour prendre possession de son nouveau royaume, l'autorité royale ne s'y fit plus sentir dans le gouvernement du pays. Tout ce que l'on peut affirmer c'est que les personnages qui, l'un après l'autre ont occupé le trône, après la mort d'Anne, ont fortement contribué, surtout par leurs défauts, à ne faire de la royauté en Angleterre qu'un objet de luxe que se donne une nation richissime, cherchant par le moyen d'un symbole couronné à jouir des avantages qui sont supposés naître du régime républicain sans subir les inconvénients qui ont accompagné dans certains pays l'adoption de cette forme de gouvernement.

Par son intervention personnelle, George Ier put, à son avènement, renvoyer le ministère Townshend et donner le pouvoir à Sunderland, mais ce prince, d'une intelligence tardive, parlant avec difficulté la langue de ses nouveaux sujets, prit en somme peu d'intérêt aux affaires publiques, il laissa les whigs et les tories se débattre entre eux et fut on ne peut plus satisfait de ce que sir Robert Walpole se maintenait au pouvoir en achetant les votes de ses adversaires dans la chambre la plus corrompue qu'on ait jamais vue dans un pays libre. George ne demandait que trois choses : visiter le plus possible sa chère *Vaterland*, jouir de la société de ses deux maîtresses, l'une plus disgracieuse que l'autre, et remplir les poches de ses familiers ; maîtresses et favoris étaient de nationalité et de goûts allemands comme leur auguste protecteur. Ces trois choses lui étant accordées, il vécut heureux et mourut finalement en Allemagne après un règne de treize ans.

Comme son père, avec lequel il avait été en fort mauvaise intelligence, George II parlait peu l'anglais et possédait une capacité étroite. Il aurait fait un excellent économe, un bon sergent-major ; il fut roi passable, grâce à la louable habitude de se laisser influencer par son épouse la princesse Caroline d'Anspach dont il reconnaissait la supériorité tout en étant le plus infidèle des maris. A la bataille de Dettingue il se conduisit bien, mais le lendemain, quand ses généraux voulurent pousser de l'avant, il fut d'avis qu'exposer sa vie sur un second champ de bataille était chose superflue. On ne put donc, grâce à la présence du royal personnage, profiter de la victoire. Plus tard, apprenant que l'ennemi prenait le chemin de l'électorat, il conclut comme général en chef un traité de neutralité avec la France, estimant la sécurité du Hanovre de bien plus d'importance que la gloire militaire de l'Angleterre. Cela fut fait sans consulter un seul ministre de la couronne et la nation en ressentit un profond dégoût. On patienta cependant ; les affaires prospéraient, les libertés augmentaient, en fin de compte, George de Brunswick valait mieux que Charles-Édouard Stuart. Celui-ci s'abrutissait dans l'ivrognerie à Rome, et puis on espérait beaucoup du jeune prince de Galles.

Premier souverain de la race guelfe né en Angleterre et parlant dès son enfance la langue du pays, George III, quand il succéda à son grand-père à l'âge de vingt-deux ans, obtint par ces faits mêmes la sympathie de la nation, qui avait supporté avec impatience les prédilections exotiques de ses prédécesseurs. De plus, sa vie privée, même à l'âge des passions, fut irréprochable et lui gagna l'estime de la bourgeoisie, devenue de plus en plus morale ; jamais ce jeune prince ne jeta sa gourme et on ne lui connaît qu'une amourette, bien innocente et pour le bon motif. Ce fut l'année même de son avènement au trône. Tous les matins, le jeune roi se dirigeait du pas de son cheval vers Kensington, passant devant le grand parc qui entoure *Holland House*. Dans le parc même la belle lady Sarah Lennox, fille du duc de Richmond, ne manquait pas de son côté de faire sa promenade matinale et les deux jeunes gens se jetaient de tendres regards à travers les grilles, mais, hélas! aux rois, les mariages d'inclination sont interdits, l'amour a beau les tenir, ils ne peuvent dire : « Adieu prudence. » L'année d'après, George, se sacrifiant aux exigences de l'État, épousa la princesse Charlotte de Mecklembourg-Strélitz, excellente femme, d'une nullité d'esprit complète, qui fit de sa cour l'endroit le plus triste du royaume et lui donna quinze enfants, neuf fils et six filles. Quand à lady Sarah elle fut fille d'honneur au mariage royal et accepta bientôt après la main d'un brave baronnet, sir Charles Bunbury.

George III régna soixante ans ; aucun roi d'Angleterre n'avait occupé si longtemps le trône, aucun ne vit se dérouler des événements aussi féconds en graves conséquences, non seulement pour son pays mais pour le monde entier. Des colonies s'émancipent de la mère-patrie et fondent un état qui surpasse actuellement en puissance civilisatrice, sinon en étendue, tout ce que le monde a vu jusqu'à cette heure ; le Canada conquis se transforme de possession française en colonie anglaise; une île plus grande que l'Europe, moins l'empire russe, occupée par la race anglo-saxonne, devient une partie de l'empire britannique ; une péninsule asiatique contenant 250 millions d'âmes tombe entièrement entre les mains d'une société de négociants anglais. De plus, les manufactures du royaume acquièrent avant la fin de son règne, un développement extraordinaire ; le commerce britannique établit des comptoirs dans le monde entier et la flotte marchande surpasse en nombre celle de tous les autres pays réunis. A l'extérieur la révolution française inaugure la démocratie et ébranle les trônes ; Napoléon refait la carte d'Europe et l'Angleterre se voit imposer des sacrifices énormes et une dette publique écrasante.

Pendant cette émouvante période, à travers cette ère nouvelle qui s'ouvrait pour l'humanité, George III vivait en gentilhomme campagnard, s'occupant de travaux agricoles, faisant des économies, menant lui et son épouse une vie irréprochable, mais tellement routinière et monotone, tellement dénuée de toute lueur littéraire et artistique qu'à la cour on subissait les tortures de l'ennui et que ses fils, ne voyant dans le bonheur domestique qu'une fatigante sujétion, se jetèrent dans les excès de la débauche. Le roi tenait de famille un esprit étroit ; son éducation, excellente au point vue de la moralité, fut détestable pour le développement de l'intelligence ; il traitait les œuvres de Shakespeare de « fatras », se méfiait d'une innovation par cela seul que c'en était une, et méprisait les nations étrangères. L'opinion qu'il se formait sur sa responsabilité de souverain était extravagante, son horreur des excès révolutionnaires en fit l'ennemi juré de toute réforme et il estimait que son titre de défenseur de la foi lui imposait l'intolérance religieuse comme devoir. Un brave homme de roi, doué d'un pareil caractère, têtu comme une mule, tenace comme un bouledogue, peut, sous le régime du bon plaisir, retarder indéfiniment le progrès, mais George III était roi constitutionnel, tenu en laisse par la responsabilité ministérielle et par le parlement. Avec de pareilles sauvegardes, il paraît étonnant que le souverain ait pu mettre en pratique ses théories réactionnaires, renverser des ministères aux vues larges et libérales, conserver les tories au pouvoir pendant une longue période et faire en définitive beaucoup de mal au pays.

L'explication de ce fait, apparemment anormal, est qu'au XVIIIe siècle la chambre élective représentait imparfaitement le pays : huit millions d'habitants ne fournissaient que cent mille électeurs, et que le trône dans sa lutte avec le parti whig, était soutenu par l'opinion publique. Les classes moyennes avaient les mêmes qualités et les mêmes défauts que le « fermier » George ; religieuses, morales, intolérantes, tenant énormément à la respectabilité, détestant le nouveau et l'imprévu, regardant les nations voisines comme d'une civilisation, sinon d'une nature inférieure, ennemies de la démocratie et fermement persuadées que tout était pour le mieux dans leur petit monde, elles donnèrent gain de cause au roi chaque fois qu'il leur demanda de sanctionner ses actes personnels. Citons quelques faits à l'appui de cet énoncé.

Imposer des colonies pour l'avantage de la mère-patrie, puis quand ces colonies se révoltent, soutenir contre elles une guerre désastreuse et la continuer inutilement, voilà sans doute de grandes fautes, presque des crimes politiques. George fut le dernier à céder devant la rébellion des colonies américaines, et à reconnaître l'indépendance des États-Unis, mais la masse des Anglais se croyait en droit de taxer les colonistes et il est avéré que la résistance à outrance fut le vœu populaire.

En 1783, le roi fit savoir à chaque pair individuellement qu'il considérerait comme ennemi personnel quiconque voterait en faveur d'un certain bill ; au moyen de ce procédé peu constitutionnel il fit rejeter la mesure en question par la chambre haute et amena une crise ministérielle. Pitt fut nommé premier ministre, bien qu'il se trouvât en minorité aux communes. Le roi fit dissoudre le parlement, et le pays, par les élections, lui donna gain de cause à lui et à son jeune ministre, qui fut pour longtemps solidement ancré au pouvoir. A l'heure présente, pareil appel fait par le souverain directement à la nation et contre ses propres ministres soutenus par une majorité aux communes, est impossible.

Pitt mourût en 1806 et un ministère whig obtint le pouvoir. Ce ministère proposa une mesure de tolérance religieuse, si anodine qu'à nos yeux elle paraît risible ; il s'agissait d'admettre tout sujet britannique à servir dans les forces de terre et de mer, quelles que fussent ses croyances religieuses. George non seulement refusa de se rallier à cette réforme, mais il voulut exiger de son nouveau ministère un engagement par écrit que jamais, dans aucune circonstance, on ne lui soumettrait une mesure de concession envers les catholiques. Le cabinet consentit à ne point présenter le bill en question, mais il refusa de s'engager pour l'avenir. Alors George renvoya les whigs et mit au pouvoir le duc de Portland et Perceval, tous deux hostiles aux prétentions catholiques. L'an d'après il y eut de nouvelles élections et encore une fois la nation donna une forte majorité au ministère tory et au roi.

Inutile de multiplier les preuves de l'accord entre le pays et le roi. Nous en avons dit assez pour démontrer que le long règne de George III présenta au monde le singulier spectacle d'une nation puissante et prospère, partageant les préjugés et l'ignorance d'un esprit borné et le soutenant dans son antagonisme contre ce que le pays contenait d'amis du progrès. Il est vrai que le peuple de Londres se livra à certains moments à de sérieuses émeutes, que la populace, sous lord George Gordon, brûla et pilla, que Wilkes brava la royauté, qu'on promena sous les croisées du souverain un char funèbre où se tenait un homme masqué, une hache à la main ; mais ni les émeutes ni cette allusion au sort tragique de Charles Ier n'arrêtèrent le roi dans ses menées réactionnaires. Il est probable que sa ténacité aurait été aussi grande que celle de son infortuné devancier quand même il ne se serait pas senti appuyé par les classes moyennes et en ce cas les suites auraient été sérieuses et pour la constitution et pour le pouvoir royal. Par bonheur pour tous deux, la nation, affolée par les excès révolutionnaires d'un pays voisin, applaudit à l'arrêt qui se faisait dans le mouvement progressif de la civilisation et le pire résultat fut l'ajournement, pendant la durée de ce règne, de bon nombre de mesures salutaires et la continuation de plusieurs abus notoires.

George III qui, à diverses reprises, avait donné des signes de démence, fut atteint en 1810 d'aliénation permanente. Pendant la maladie de son père, le prince de Galles avait été nommé régent du royaume et il succéda au trône quand le vieux roi, ayant survécu à toutes ses facultés, s'éteignit en 1820. De grandes façons, des manières séduisantes, une tenue irréprochable, un bel extérieur, distinguaient le nouveau souverain, mais sous ces dehors brillants se cachait une nature fausse et égoïste. En ajoutant les années de la régence, George IV régna vingt ans, et le seul bon point qu'on puisse mettre à son actif fut son abstention des affaires. Il eut le mérite négatif de ne point essayer de contrecarrer les tendances libérales de ses ministres et d'abandonner les intrigues qui avaient plus d'une fois causé des crises sous le règne précédent. Cependant il initia sa régence par un acte de trahison envers ses anciens amis les whigs auxquels, comme héritier du trône, il s'était attaché dans le but de contrarier son père. Perceval fut continué au pouvoir et le régent qui, dans la vie privée, amusait ses familiers en faisant la mimique de son malheureux père dans ses moments de folie, donna comme raison de son manque de bonne foi politique, le respect filial. Il craignait, disait-il, que le vieux roi ne vînt à connaître un changement de ministère et que cela n'empirât son état. Ses flatteurs accordaient à George le nom de premier *gentleman* de son royaume, mais si sa mise, son maintien, sa politesse, lui donnaient certaines prétentions à ce nom, ses actions étaient là pour démontrer que les qualités d'homme d'honneur manquaient et que par conséquent il n'avait aucun droit au plus beau titre qu'un Anglais puisse porter. Les dérèglements de sa vie privée lui aliénèrent les classes bourgeoises ; son manque de droiture, l'impossibilité de croire à sa parole et certains procédés louches sur le turf lui enlevèrent l'estime de l'aristocratie.

L'épisode de son mariage avec madame Fitzherbert mit bien en évidence tout ce qu'il y avait d'ignoble dans ce cœur déloyal. Toute jeune, bien que déjà veuve de deux maris, madame Fitzherbert résista au prince et demanda le mariage. Celui-ci savait que la cérémonie serait absolument sans valeur légale, l'héritier du trône ne pouvant contracter d'alliance sans le consentement de son père, qu'après une sommation respectueuse et le délai d'un an, et encore fallait-il que le parlement n'eût pas exprimé sa désapprobation. De plus, madame Fitzherbert était catholique et, par la loi de la succession au trône, pareil mariage était interdit. Le prince était donc assuré de l'illégalité du mariage et consentit volontiers à la cérémonie qui eut lieu secrètement. Peu de temps après il se trouva forcé de demander un secours à la chambre des communes pour payer ses dettes, procédé dont il était coutumier, et il arriva que dans le courant de la discussion on fit allusion à la rumeur publique et au changement que le mariage, s'il y en avait un, apporterait à la succession. Fox, alors premier ministre, alla droit au palais et demanda au prince ce qu'il en était. « C'est un mensonge malveillant, » répondit celui-ci, et Fox de retourner à la chambre et de répéter ces paroles. Le lendemain un de ses amis lui apprit qu'il avait été indignement trompé, lui, l'ami, ayant assisté à la bénédiction nuptiale. Pour sortir de l'impasse, le parfait *gentleman* eut l'audace de soutenir que Fox avait mal compris.

On raconte une plaisante histoire du sang-froid du vainqueur de Waterloo à l'égard de ce titre de gentleman, dont le roi se targuait. « En 1822, pendant le ministère de lord Liverpool, le poste des affaires étrangères devint vacant. On désirait le donner au célèbre Canning, mais malheureusement cet homme d'État était, pour des raisons personnelles, la bête noire de George IV. Le duc de Wellington fut chargé de mener à bonne fin la négociation et de dorer la pilule qu'il s'agissait de faire avaler au royal personnage. Ainsi que l'on s'y attendait, ce dernier se révolta.

« Grand Dieu, Arthur — c'était la manie du roi d'appeler l'illustre guerrier par son petit nom — vous me proposez une impossibilité, j'ai déclaré sur mon honneur de *gentleman* que Canning ne ferait plus partie du ministère. Vous entendez, Arthur, je l'ai dit sur mon honneur de *gentleman* et vous conviendrez que je ne puis forfaire à une parole ainsi donnée ». — « Pardon sire, fit le duc, je ne suis pas de votre avis, Votre Majesté n'est pas un *gentleman.* » — Soubresaut du roi. — « Non, sire, continua l'autre avec un calme parfait. Votre Majesté n'est pas un *gentleman*, mais un souverain, régnant sur l'Angleterre, ayant des devoirs à remplir envers son peuple, bien autrement importants que ceux qu'il se doit à lui-même et ces devoirs nécessitent que Votre Majesté utilise dans la conjecture actuelle les talents de M. Canning ». — « Allons, dit le roi poussant un gros soupir, s'il le faut, il le faut. »

George IV avait une singulière manie; il se plaisait à raconter qu'il avait pris une part active à plusieurs des événements les plus marquants de son règne, entre autres à la bataille de Waterloo. Avec un sang-froid imperturbable il narrait les incidents de cette mémorable journée et ce qui lui était arrivé personnellement. Si souvent avait-il répété cette affreuse gasconnade, qu'il finit lui-même par y croire et on prétend qu'il mourut intimement persuadé de la vérité de son récit.

L'incident de ce triste règne, qui souleva le plus le sentiment public, fut le procès en divorce intenté par le régent contre son épouse la princesse Caroline de Brunswick. Il donna lieu à un immense scandale, on remua beaucoup de boue, les faux témoignages de part et d'autre ne furent pas épargnés et le *non mi recordo* d'un certain courrier italien de la princesse passa à l'état de dicton. Malgré son acquittement, Caroline de Brunswick ne sortit pas parfaitement indemne de l'épreuve, mais elle obtint la sympathie populaire, tandis que le régent, qui donnait force coups de canif à son contrat de mariage, vit son impopularité s'accroître par des poursuites qui avaient frisé la persécution. En 1817, le peuple cassa les vitres du carrosse de gala qui le transportait à l'ouverture des chambres.

En somme, le règne de George IV fut une rude épreuve de l'attachement des Anglais à la royauté constitutionnelle, mais aucune velléité de républicanisme ne fut réveillée par le mépris et le dégoût qu'inspirèrent les vices du détenteur du trône.

Le successeur du dernier des George, Guillaume IV, 1830-1837, ne fut ni vicieux ni méchant. Fort jeune il avait été officier de marine et la nation aimait assez son roi-marin, brave homme, d'une capacité médiocre, mais ne manquant pas d'un certain gros bon sens. Sous son règne, les chambres votèrent la première loi de réforme électorale et inaugurèrent cette série de mesures démocratiques, qui modifient et renouvellent peu à peu la constitution anglaise et la mettent en accord avec les aspirations des nouvelles générations. Un peu ébaubi de la marche des événements, Guillaume IV laissa faire ses ministres et son court règne acheva de bien établir le principe moderne que le souverain doit se désintéresser de toute participation dans le gouvernement du pays.

Nous voici arrivé au règne de Victoria, dont lord Macaulay a dit qu'en elle ses sujets ont trouvé une reine Élisabeth, mais plus sage, plus modérée, plus douce et d'un caractère plus heureux. Presque née dans la pourpre — son père, le duc de Kent, quatrième fils de George III, mourut en 1820, quand la princesse n'avait qu'un an — on attendit que la future princesse eût atteint sa treizième année pour l'éclairer sur la haute destinée qui lui était réservée. Elle-même nous raconte que cette nouvelle ne lui fut nullement agréable et qu'elle pleura en l'apprenant. Quand la première émotion fut passée, elle fit une remarque fort juste à sa gouvernante, la duchesse de Northumberland : « Beaucoup d'éclat me tombera en partage, dit-elle, mais accompagné d'encore plus de responsabilité. » Élevée dans l'isolement, son éducation ne fut certes pas négligée et l'on frémit rien qu'à parcourir la liste des études indispensables pour rendre une reine digne de sa position. Outre les connaissances de rigueur, on jugea que les langues modernes étaient de toute nécessité, on lui enseigna le latin et, comme menus talents, la musique, le dessin et la botanique. Cela rappelle la réflexion que fit le père du comte de Derby actuel, quand le prince Albert lui montra les papiers d'examens du prince Alfred. — « Je me félicite, dit-il, que les ministres de Sa Majesté n'ont pas à subir une pareille épreuve, cela rendrait la formation d'un cabinet infiniment plus difficile. »

Veut-on savoir l'idée que la reine Victoria se forme de son devoir de souveraine? Voici la définition qu'elle en a donnée : « Être autant que possible la personne la mieux informée de la marche des événements politiques et du courant de l'opinion, tant au dedans qu'au dehors du royaume. Ne pas se laisser influencer par l'esprit de parti, mais ne pas être passivement indifférente à la politique. Considérer en vertu de ses fonctions, comme chef inamovible de l'État, ce qui est le mieux pour le bien-être et l'honneur de la nation et cela sans faire distinction de partis. » Ce sont là de bons et beaux sentiments qui font honneur à l'intelligence, autant qu'au cœur de Sa Majesté ; nul doute qu'elle ne s'efforcerait de s'élever à la hauteur de son idéal et qu'elle ne mettrait ses vues en pratique, si l'occasion s'offrait, seulement nous savons qu'à l'heure présente les bonnes intentions de la couronne sont neutralisées par le système parlementaire autant que le seraient ses desseins malfaisants, si par aventure elle en avait.

Une fois seulement, deux ans à peine après son avènement au trône, quand elle n'avait que vingt ans, la reine eut une velléité de résistance aux volontés de la chambre des communes. C'était en 1835, du temps du ministère whig de lord Melbourne, mentor politique de la jeune souveraine; le cabinet se trouvait en minorité à la chambre ; comme de raison sa chute était forcée et avec le ministère devaient se retirer non seulement les hauts fonctionnaires de la cour, mais les dames du palais. La reine s'était prise d'affection pour plusieurs d'entre elles et refusa de s'en séparer. Elle entendait s'arroger le droit d'agir en maîtresse de maison et se croyait autorisée à choisir ses compagnes. Il lui fut démontré avec tout le respect possible qu'il était interdit à une reine constitutionnelle, de montrer des préférences, ou de conserver ses amies. *Dura lex sed lex*, elle céda et depuis elle a été le modèle des souverains du type moderne, donnant à ses sujets l'exemple d'une bonne épouse et d'une bonne mère, s'occupant d'art, de littérature, artiste et auteur à ses heures, peut-être bien joignant à ses qualités privées une connaissance approfondie de la marche des événements et du courant de l'opinion, ayant même probablement ses vues sur ce qui est le mieux pour le bien-être et l'honneur de la nation, mais gardant tout cela pour soi et s'inclinant devant la responsabilité ministérielle et l'autorité parlementaire. L'année même de l'avènement de Sa Majesté, le marquis de Londonderry écrivait au duc de Buckingham : « J'apprends que Melbourne dit que dans ses nombreuses conversations avec la reine, il n'a jamais réussi à découvrir de quel côté penchent ses sympathies politiques », et les sept chefs de cabinet qui ont succédé à lord Melbourne n'en ont probablement pas su plus que leur prédécesseur.

Il n'est pas douteux que les conseils de deux hommes éminemment sages, modérés et pratiques furent d'un immense secours à la jeune femme et qu'ils aidèrent à développer une intelligence qui, sans être de premier ordre, est naturellement saine et droite. Léopold Ier fut le conseiller intime de Sa Majesté britannique et l'on sait quel sincère attachement elle a toujours montré pour ce parent, qui avait été nommé son gardien. Une correspondance suivie avait lieu entre l'oncle et la nièce ; un jour sans doute elle sera livrée au public et l'on pourra juger de l'influence salutaire qu'exerça sur cette dernière, jetée dans un milieu difficile, l'esprit net et solide du profond politique qui voyait plus loin et plus juste que la plupart de ses contemporains. Quand la reine se maria, en 1840, elle trouva dans le prince Albert de Saxe-Cobourg un appui précieux et le monde a pu juger par *La Vie du Prince Consort* publiée en 1875-1879, quelle intelligence supérieure il cachait sous des dehors calmes et un peu froids. Nous ne referons pas l'histoire des années de mariage de la reine, mais il est impossible de parler de la position actuelle de la couronne en Angleterre sans rendre hommage aux qualités morales et intellectuelles de celui qui, pendant plus de vingt ans, fut si près du trône et qui, dans les moments difficiles, fut toujours de bon conseil.

On sait que depuis la mort de son époux, la reine vit dans une retraite aussi absolue que le permet sa position. Londres la voit rarement et, à l'exception de quelques absences peu fréquentes aux petites cours d'Allemagne, où elle retrouve des parents, au bord d'un lac italien ou encore sur la Riveira. son existence se passe à Windsor, à Osborne et surtout dans les montagnes de l'Écosse. Le château de Windsor, à trois quarts d'heure de la métropole par la voie ferrée, est une des résidences royales les plus splendides et les plus admirablement situées de l'Europe. La tour principale, au haut de laquelle flotte à de longs intervalles le drapeau national, indiquant le séjour d'hôtes royaux, est un point marquant du paysage à une douzaine de milles à la ronde, et de la terrasse qui domine la Tamise, se déroule un panorama d'une beauté ravissante. Un parc, d'une grande étendue, planté d'arbres plusieurs fois séculaires, peuplé de daims, entoure le château, et un lac, Virginia Water, ajoute encore à l'attrait de ce magnifique domaine. Windsor, malheureusement, réveille dans son royal possesseur de cruels sonvenirs, car c'est là que le prince Consort mourut; il a de plus le défaut d'être à trop grande proximité de la grande ville, ce qui empêche qu'on y mène la vie calme et retirée qu'affectionne la reine. Elle y passe quelques semaines à l'époque de la Noël et pendant la saison de Londres, qui commence après Pâques, mais elle se hâte de partir vers la fin de mai pour Osborne, sa charmante propriété dans l'île de Wight ou bien pour Balmoral, dans le nord de l'Écosse. C'est cette dernière demeure qui est son séjour favori, elle y passe le plus de temps possible, et la saison neigeuse a déjà commencé dans cette contrée aux longs hivers avant qu'elle ne décide à quitter ses chères montagnes.

Le palais de Buckingham, au milieu du parc de Saint-James, est donc toujours vide. Il n'ouvre ses portes que quand le prince de Galles, par ordre de Sa Majesté, y donne un concert ou un bal de cour. De cet état de choses il s'ensuit que l'hospitalité, une des qualités distinctives de la nation anglaise, fait défaut en haut lieu et que les personnages royaux qui visitent le pays, loin de trouver gîte dans les palais de Sa Majesté, sont dans la nécessité de se loger à l'hôtel, ce qui ne manque pas d'être pénible au sentiment national. Les premières années de veuvage passées, la nation fut surprise et, il faut le dire, un peu mécontente, de voir la reine s'obstiner dans son isolement et ne plus remplir ses devoirs sociaux; le commerce de Londres en souffrait, les fournisseurs du *Westend* se plaignaient et certaines feuilles firent entendre le mot d'abdication. Mais les qualités solides et les vertus de la femme ont fait pardonner le manque de représentation de la souveraine et depuis bien des années le prince et la princesse de Galles la remplacent dignement dans les cérémonies et les galas de cour.

Il existe un mot dans la langue anglaise qui n'a pas d'équivalent en français, il se traduit mal par *fidélité*, qui peut s'appliquer aux relations ordinaires de la vie, tandis que *loyalty* dans son sens principal veut dire dévouement et fidélité au souverain et à la famille royale. Le français peut certes se passer de l'expression, puisqu'il y a beau jour que la chose n'existe plus, si tant est qu'elle ait jamais existé hors d'un cercle restreint ; mais en Angleterre et, ce qui plus est, dans les colonies, la *loyalty*, est entrée dans les mœurs et dans le caractère national. Nous croyons être dans le vrai en affirmant que ce sentiment s'est accru depuis l'avènement de la reine Victoria. « On dit, écrivait-elle, en 1844, qu'aucun souverain n'a été plus que moi aimé de ses sujets. Cela est dû au bon exemple que donne notre heureuse vie de ménage. » Dans une certaine mesure cela est indubitable, mais il y a plus, il faut prendre en compte le solide bon sens, le sentiment éclairé du devoir et la sensibilité de la noble femme qui occupe le trône et qui l'ont fait respecter dans tous les pays civilisés et même dans beaucoup qui ne le sont pas. Le culte du droit divin des jacobites et des légitimistes n'a rien de commun avec l'affection personnelle que les habitants des îles britanniques et des lointaines contrées où flotte le drapeau anglais ressentent pour la famille royale. Plus loin, en nous occupant de la chambre des communes, nous aurons à parler de l'indépendance du parlement, des sauvegardes qui protègent la liberté, de la jalousie qui montrent les représentants de la nation pour leurs privilèges, mais ce serait donner une bien fausse idée de l'état actuel des partis en Angleterre si nous ne faisions pas ressortir la fidélité et l'amour de toutes les classes pour la reine.

Nous vivons dans une ère de changements et d'essais, la démocratie fait des pas de géant, on démolit volontiers les anciennes institutions, il se pourrait bien qu'on soit disposé à prendre parfois l'ombre pour le corps et à faire fausse route ; toujours est-il que l'harmonie qui règne entre une nation et son souverain fortifie d'une façon plus sûre le principe monarchique que ce mythe qui s'appelle le droit divin, ou cet autre droit, sujet à caution, qui fait passer une nation par hérédité de main en main comme un coupon de rentes ou un hectare de terre.

La reine a eu sa part de douleurs. Elle a perdu son époux, une fille bien-aimée, et dernièrement un fils que son état maladif lui rendait encore plus cher. La nation s'est serrée autour d'elle dans ces épreuves, le gros peuple aussi bien que les classes supérieures, a montré qu'il s'associait à sa peine. Aussi ce ne sont pas des expressions banales et de convention que les paroles suivantes, adressées par la souveraine à ses sujets, en réponse à de nombreuses marques de sympathie données dernièrement à la mort du prince Léopold, son plus jeune fils : « En plusieurs occasions j'ai exprimé personnellement mon sentiment profond de la tendre sympathie et du dévouement — *loyalty* — de mes sujets dans toutes les parties de mon empire. Après la perte douloureuse que je viens de faire, je désire les remercier chaleureusement non seulement de la façon dont ils ont montré leur sympathie pour moi et ma chère bru, si durement éprouvée, mais aussi de la haute appréciation des grandes qualités de cœur et de tête de mon bien-aimé fils et de la perte que le pays et moi subissons par sa mort. L'affectueuse sympathie de mon fidèle — *loyal* — peuple qui ne m'a jamais fait défaut dans l'heur et le malheur, m'est bien douce. Agitée et cruellement affligée par les nombreux chagrins et les épreuves qui m'ont accablée pendant ces dernières années, je ne perdrai pas courage et,avec l'aide de ce Dieu, qui ne m'a jamais abandonné, je m'efforcerai de travailler aussi longtemps que je le pourrai pour mes enfants et pour le bien du pays, que j'aime tant. » Cette lettre est bien de la reine elle-même. Ce n'est pas là le style d'un ministre ou d'un haut fonctionnaire, point de périodes bien arrondies, mais la diction d'une mère pleurant son fils, d'une princesse remerciant son peuple en termes simples mais expressifs.

La reine, nous l'avons dit, est auteur. Ses livres, sans mérite littéraire, absolument sans prétentions, ont eu un succès européen, dû à un sentiment plus profond que la simple curiosité. En 1865 parut un beau volume, illustré par le crayon de l'auteur, portant pour titre : *Feuillets du Journal de notre Vie dans les Montagnes d'Écosse*. La reine y racontait des incidents de sa vie de femme mariée, aimée et heureuse, n'ayant point encore subi ces déchirements de cœur qui l'ont éprouvée dans ces derniers temps. L'automne dernier, il a été publié un second volume qui porte pour titre : *Nouveaux Feuillets du Journal de ma Vie dans les Montagnes d'Écosse*. La préface commence par ces mots : « Le petit volume publié il y a quinze ans, contenant le simple récit de jours que je n'oublierai jamais, jours passés près de celui qui rendit la vie de l'auteur douce et heureuse, fut reçu avec une sympathie et un intérêt si vif que j'en fus très touchée. » Le volume qui vient de paraître a eu un succès pour le moins aussi grand que son aîné. Près de 20,000 exemplaires furent enlevés en quelques semaines et l'intérêt qu'il a excité ne s'est pas arrêté aux côtes anglaises, des traductions en ont été faites en français, en allemand, en italien, en espagnol et en norvégien. Aux États-Unis, la contrefaçon s'en est largement emparée, ainsi que cela se pratique dans ce pays libre, véritable forêt de Bondy littéraire, et frère Jonathan, tout républicain qu'il est, a rendu hommage à cette princesse que la splendeur et la corruption des cours n'ont pas corrompue.

Ce que le médecin et l'avocat en vacances éprouvent en s'émancipant de la contrainte professionnelle, la reine le ressent sans doute à Balmoral. Sa simplicité de mœurs et son goût pour la société des petits de ce monde, ont leur libre essor dans ce pays aux montagnes ardues, aux habitants clairsemés. Délivrée de toute curiosité gênante, elle s'intéresse aux rudes travaux de ses tenanciers, elle fait visite dans les châteaux d'alentour, elle tient compagnie à quelque bonne vieille paysanne, qui lui parle avec une franchise naïve de femme à femme et un oubli complet qu'elle reçoit dans sa chaumière l'impératrice des Indes. Voilà ce que ce livre raconte, et, trait caractéristique, il est dédié à la mémoire d'un simple serviteur à l'éducation négligée, d'une extraction des plus ordinaires et dont les frères sont petits fermiers ou gardes-chasse. Ce serviteur, écossais de naissance, du nom de John Brown, fut le valet favori du prince Consort. A la mort du prince, il devint domestique attaché spécialement au service de la reine et il l'a accompagnée dans tous ses déplacements.

Il est plus fait mention de John Brown que de n'importe qui. A chaque deux ou trois pages son nom reparaît, c'est John Brown qui est du voyage, qui trouve moyen de servir le thé tout chaud au milieu des montagnes sauvages, qui aide la reine à faire une ascension, qui manque d'avoir une rixe avec un reporter trop curieux. C'est l'homme indispensable, plus précieux pour le confort journalier de Sa Majesté que dames d'honneur et courtisans, voire même qu'un ministre à portefeuille. L'appréciation de cet excellent serviteur est un peu exagérée : domestique de bonne maison, fort dévoué à sa maîtresse, ne manquant ni de bons sens ni de tact, il faisait parfaitement son service, mais il y a exubérance de reconnaissance pour ce que tant d'autres auraient fait tout aussi bien et surabondance de détails banaux, ainsi il est raconté que pendant tel voyage Brown servait le dîner, ou qu'il occupait sa place accoutumée sur le siège de derrière de la voiture royale. Le livre, du reste, contient nombre de récits triviaux et peu ou point d'observations qui nous aident à connaître les goûts littéraires, les penchants artistiques de l'auteur, c'est là une réticence regrettable, bien qu'elle ait été peut-être nécessaire. Plus tard, sans doute, on connaîtra d'autres phases dans l'existence de la reine et son opinion sur des sujets de haute importance; déjà même on dit que la postérité sera étonnée de la justesse de ses appréciations politiques. Quant aux *Feuillets*, ils n'intéressent que par les aperçus qu'ils donnent de l'existence quotidienne d'une excellente femme, compatissante, sans morgue, qui regrette son mari, aime ses enfants, apprécie les beautés de la nature et tient beaucoup à ce que son thé de l'après-midi soit bouillant.

Voici, du reste, quelques courts extraits du dernier volume.

Pendant son séjour chez lord Dalhousie à *Invermarck* elle écrit : « Pour la première fois de ma vie, je suis seule dans une maison autre que la mienne, sans mère et sans mari — la duchesse de Kent mourut la même année que le prince Consort — j'ai, il est vrai, une fille chérie près de moi, mais ces deux êtres tant aimés ne sont plus; leur soutien me manque et cette idée est affreuse. Que de visites n'avons-nous pas faites ensemble, mon mari bien-aimé et moi, et combien ces visites nous plaisaient. Lors même qu'il y avait formalité et fatigue, le bonheur d'être ensemble et de former à nous deux un monde à part, nous suffisait. »

Elle décrit ainsi une ancienne coutume écossaise qui a lieu la veille de la Toussaint : « Nous avions fait une promenade en voiture, près de la maison de Douald Stewart, deux *gillies* — sous-gardes-chasse ou batteurs — nous attendaient des torches à la main. Louise — sa fille, actuellement épouse de lord Lorne — en prit une et marcha à côté de la voiture, ayant l'air d'une des sorcières dans *Macbeth*. Près de Balmoral, les gardes-chasse, leurs femmes et leurs enfants, les *gillies* et encore d'autres personnes, vinrent à notre rencontre, ayant tous des torches, Brown aussi en avait une. Nous descendîmes de voiture en face de la maison, Léopold se joignit à nous et on lui donna une torche. Ensuite nous fîmes le tour de la maison, précédés de Ross, jouant de la musette, Louise et Léopold venaient après, puis Janie Ély et moi, suivies de tout le monde portant des torches, ce qui faisait un fort joli effet. Tout près de la maison on fit un feu de joie des torches et l'on dansa des *reels* — danse nationale écossaise — tandis que Ross jouait de la musette.»

Quand la reine visita Abbotsford, l'ancienne demeure de sir Walter Scott, on lui montra le journal du grand romancier et M. Hope Scott la pria d'y inscrire son nom : « Mais, dit-elle, je sentis que ce serait présomption de ma part de le faire. » On voit que la souveraine d'un empire où jamais le soleil ne se couche — pour répéter le mot espagnol — reconnaît la différence entre le hasard de la naissance et le don du génie.

Plus loin est raconté avec bonne humeur un accident de voiture qui la lança au milieu du chemin, heureusement sans grand mal, puis une mésaventure arrivée à un fourgon, ce qui l'obligea de se coucher sans toilette de nuit. Elle décrit aussi la tonte d'un troupeau dans son voisinage et s'émerveille de la prestesse de main des tondeuses, qu'elle connaît toutes de nom. Quand on découvre la statue du prince Consort à Aberdeen, elle a son petit mot à l'adresse des révérends qui font de longues prières hors de saison. « La prière du principal Campbell, dit-elle, fut bien longue, ce qui ne manqua pas d'être pénible par la pluie qui tombait, mais, ajoute-t-elle en dorant la pilule, je l'ai lue depuis, et, en partie, elle est excellente. » Au défilé de Glencoe, elle est obsédée par la curiosité indiscrète de certains reporters de journaux écossais et Brown manque de se prendre aux cheveux avec un journaliste qui refuse de vider la place. « Pareille conduite, dit-elle, devrait être connue. » Mais passons ces détails, qui donnent cependant une idée du genre de narration des *Feuillets* pour nous arrêter au passage suivant, qui peint la femme compatissante et charitable.

« 21 août 1865. — Je suis allée voir la veuve Grant et je fus chagrinée de la trouver assise dans sa chaise, soutenue par des oreillers et ses pieds sur un coussin. Elle avait les traits altérés et je crains bien qu'elle ne se meure d'hydropisie. Cinq jours plus tard je suis retournée la voir et lui ai donné un châle et une paire de bas. La pauvre femme était au lit, bien faible et bien malade, mais elle eut la force de faire un signe de tête et de me dire, comme d'habitude, quelques mots de remercîment. Je lui ai pris la main et l'ai tenue dans la mienne. Le jour après elle mourut et le lendemain je m'arrêtais à sa chaumière et j'y entrais avec Louise et Léopold. Tout était rangé et d'une grande propreté, mais le silence de la mort se faisait sentir. Elle portait les bas que je lui avais donnés le jour précédent. Elle était entrée dans sa quatre-vingt-neuvième année. »

Dans de nombreux passages, la reine fait preuve de bons sentiments; qu'il s'agisse de la mort du prince impérial, de celle d'un ami ou d'un humble dépendant, en quelques mots bien sentis elle ouvre son cœur, et montre une sympathie qui est, à n'en pas douter, sincère. Nous ne pouvons nous arrêter à ces passages, mais nous ne résistons pas au plaisir de traduire les lignes suivantes en terminant notre notice du livre : « Je me reposais sur mon canapé quand on m'apporta la nouvelle imprévue de la mort de madame Van de Weyer; j'en fus profondément peinée. Naturellement elle n'avait point été mon amie au même degré que son bien-aimé et honoré mari, mais à dater de 1840, nous l'avions beaucoup vue avec lui, surtout à Abergeldie en 1867, 1868 et 1870. Ils ont toujours été si aimables pour nous et pour nos enfants, qui ont grandi avec les leurs, et quand vint ma grande peine, personne ne fut meilleur, ni plus empressé à m'aider que cet excellent M. Van de Weyer. Puis, après sa mort et celle de son fils Albert, sa veuve m'a parlé à cœur ouvert et je tâchais de la consoler. C'était toujours un véritable plaisir pour nous de visiter cette charmante habitation de *New Lodge* (tout près de Windsor), qui était entretenue comme de son vivant; on s'y retrempait dans le souvenir des jours passés, quand il était encore là, charmant tout le monde. La pensée que tout cela n'existe plus m'obsède et me désole. Encore un lien du passé rompu, lien qui m'attachait à mon bien-aimé, à mon cher oncle Léopold et à la Belgique ! »

La reine a eu quatre fils et cinq filles. Le prince de Galles, âgé maintenant de 43 ans, est devenu un homme sérieux, réalisant parfaitement sa position et remplissant ses devoirs avec conscience et zèle. Plus jeune, il aima les plaisirs un peu, beaucoup, peut-être les aime-t-il encore, mais il se conduit de façon à ne point offusquer les convenances. Avenant, aimable de manières, il sait conserver sa dignité et tenir en échec la familiarité. *Le Figaro* a cru lui faire un compliment hors ligne en le qualifiant de *Parisien de Londres*, mais de fait il est très anglais dans ses goûts, prenant volontiers ses ébats pendant quelques jours aux alentours de la Madeleine, mais essentiellement amateur de la vie et des coutumes nationales. Bon sportman, bon viveur, fumeur enragé, aimant ses aises, mais acceptant franchement les corvées de sa position, il est fort populaire parmi toutes les classes.

La princesse le seconde dignement et remplace la reine dans les galas de cour et les cérémonies publiques. Elle remplit ces devoirs avec un charme qui est tout à elle, mais c'est là le moindre de ses mérites. Depuis longtemps elle possède le cœur de la nation, et à juste titre, car jamais princesse n'a montré plus de bonnes et belles qualités. Celui qui se permettrait un mot contre elle dans n'importe quelle réunion d'Anglais serait assez malmené pour lui ôter tout désir de recommencer.

Le second fils, le duc d'Édimbourg, est marin, il aime sa profession et s'embarque souvent. On le dit un peu serré et l'hospitalité n'est pas son fort. A bord il joue volontiers du violon pour amuser son équipage et à terre il encourage l'art de la musique et ne refuse pas son concours comme exécutant dans des concerts d'amateurs.

Le duc de Connaught a 34 ans. Général de brigade et commandant en chef de la division militaire de Madras aux Indes, il a fait ses preuves à Tel-el-Kebir. D'un caractère franc et ouvert, il est fort aimé dans l'armée.

Le prince Léopold, duc d'Albany, est mort dernièrement à Cannes. D'une santé délicate, tout exercice athlétique, tout sport lui était interdit. Aimant les arts et la littérature, d'une intelligence développée, on espérait qu'il remplacerait son père dans l'intérêt que montrait ce dernier pour tout ce qui touchait aux lettres.

Des cinq filles, l'aînée, la princesse Victoria a épousé, comme on le sait, le prince héréditaire de Prusse. Devenue allemande par sa position, on la voit rarement en Angleterre. La princesse Alice, qui vient après, épousa en 1862 le grand-duc de Hesse-Darmstadt. Fille favorite de son père, elle fut le soutien de la reine dans la terrible épreuve que cette dernière subit en 1861. On vient de publier en anglais les lettres de cette princesse, qui parurent d'abord à Darmstadt, traduites en allemand. Ces lettres, adressées principalement à sa mère, témoignent de l'admirable bonté de cœur, aussi bien que de l'intelligence de celle qui les a écrites. Une charité qui ne chômait jamais, des efforts incessants pour améliorer le sort des petits de ce monde, et cela au prix de ses aises, un désir ardent de faire son devoir de fille, d'épouse et de mère, une résignation touchante dans les épreuves qui lui furent envoyées, voilà ce que montre cette correspondance. La dernière lettre n'arriva à Windsor qu'après la mort de celle qui l'avait tracée. C'était en 1878, elle soignait un de ses enfants, atteint de diphthérite, affreuse maladie qui venait de lui enlever une fille et qui devait, quelques jours plus tard, l'enlever elle-même.

La princesse Hélène, née en 1846, devint l'épouse du prince Christian de Schleswig-Holstein, son aîné de quinze ans. Ils habitent l'Angleterre. La quatrième fille, la princesse Louise, fut mariée en 1871 au marquis de Lorne, fils aîné du duc d'Argyle. La plus jeune fille, la princesse Béatrice, a 27 ans et elle attend encore le prince charmant qui doit gagner son cœur.

Cette partie de notre travail serait incomplète si nous ne disions quelques mots de la liste civile et des dépenses dont la couronne charge le budget annuel de l'Angleterre. Avant la restauration de 1660, les frais civils et militaires de l'État étaient fournis par ce qui s'appelait le revenu royal. Ce revenu provenait des domaines de la couronne, d'emprunts forcés et d'impositions plus ou moins sous le contrôle du parlement. Au retour des Stuarts, on divisa les frais en deux catégories, les dépenses militaires, lesquelles furent nommées extraordinaires, et les dépenses ordinaires pour le maintien des établissements civils du pays. Les revenus appropriés aux dépenses ordinaires reçurent l'appellation de revenus héréditaires ou liste civile et les domaines royaux n'y suffisant pas, le parlement, au commencement de chaque règne, votait les taxes nécessaires pour combler le vide. Puis vint le bill des droits dont nous avons déjà parlé.

Sous Guillaume III, la liste civile se montait à £ 680,000, soit dix-sept millions de francs. Elle augmenta graduellement, et, en 1812, elle avait atteint le chiffre de £ 1,080,000, soit vingt-sept millions de francs et cela sans compter les rentes viagères payées à divers membres de la famille royale.

A l'avènement de Guillaume IV, on limita la liste civile aux dépenses de la maison du roi et au payement des pensions et des fonds secrets. La somme votée pour faire face à ces trois dépenses fut fixée à £ 510,000, soit 12,750,000 francs. Au commencement du règne actuel, un revenu de £ 385,000 fut accordé à Sa Majesté, soit 9,625,000 francs, dont £ 60,000, soit 1,500,000 francs, sont allouées à la cassette de la reine. Par contre, le revenu provenant des domaines de la couronne est porté au crédit du trésor public.

Voici le montant des rentes viagères payées à la famille royale :

Le prince de Galles £ 40,000, soit un million de francs et de plus les revenus du duché de Conwald, au delà de £ 60,000, soit 1,500,000 francs.

Princesse de Galles,	£ 10,000	fr. 250,000
Princesse de Prusse,	» 8,000	» 200,000
Duc d'Édimbourg,	» 25,000	» 625,000
Princesse Christian,	» 6,000	» 150,000
Princesse Louise,	» 6,000	» 150,000
Duc de Connaught,	» 25,000	» 625,000
Duc d'Albany,	» 25,000	» 625,000
Duchesse de Cambridge,	» 6,000	» 150,000
Duchesse de Mecklembourg-Strélitz,	» 3,000	» 75,000
Duc de Cambridge,	» 12,000	» 300,000
Duchesse de Teck,	» 5,000	» 125,000

Libre aux républicains et aux utilitaires de prouver, s'ils le peuvent, que rois, reines, princes et princesses sont des fantoches, coûtant cher, valant peu et dont il faut se défaire au plus vite ; il est certain qu'en Angleterre, la reine et ses enfants, dignes en toutes choses de leur illustre mère, possèdent les affections de la nation : la *loyalty* n'est pas près de s'éteindre et les Anglais, gens pratiques, sont d'avis que la note à payer n'est pas excessive et que la royauté constitutionnelle est bonne à conserver.

LA CHAMBRE DES LORDS

La chambre des lords a eu de fréquents démêlés et quelques luttes sérieuses avec les représentants de la nation anglaise ; elle n'a pas hésité en plus d'une circonstance, à se servir du pouvoir que la constitution lui octroie pour entraver le vœu populaire; depuis plus de cent ans, la presse radicale l'attaque avec une extrême violence, et des orateurs de carrefour tonnent contre une aristocratie bouffie d'orgueil — *bloated aristocrats* — qui piétine sur les droits du pauvre peuple. Néanmoins, la majorité des Anglais partageait, naguère encore, l'opinion d'un certain vieux tory, qui s'écria dans une grave conjoncture : « Dieu soit loué, nous avons une chambre des lords ! »

Ce sentiment d'une nation libre et fière entre toutes de son indépendance, à l'égard de l'assemblée la plus aristocratique de l'Europe, était fait pour étonner ceux qui proclament le progrès des principes démocratiques dans tous les pays, et qui ne comprennent pas qu'un peuple puisse être à la fois attaché aux traditions et passionné pour la liberté, respectueux des rangs sociaux et jaloux de l'égalité devant la loi. Le mot de l'énigme se trouve dans cette remarque de lord Macaulay : « Notre démocratie, a dit le grand historien whig, a toujours été la plus aristocratique et notre aristocratie la plus démocratique du monde entier. » Cependant, un vent de fronde commence à souffler; depuis longtemps, il grondait dans les bas-fonds populaires, sans qu'on s'en occupât autrement. Mais voilà que les classes dirigeantes en subissent l'influence et que des membres des communes, assis sur le banc ministériel, ne craignent pas de prononcer des paroles menaçantes pour l'existence même de la chambre haute.

Lamennais écrivait, en 1846 : « Voyez ce qui se passe en Angleterre. Ce n'est pas l'habileté qui manque là, et pourtant cette aristocratie si habile ne s'abrite qu'en cédant. Elle sème de ses dépouilles le chemin où elle fuit, pour retarder le vainqueur. » Il y a près de quarante ans que cela a été dit et pas mal de dépouilles restent encore à l'aristocratie; le prestige baisse bien un peu, mais toujours grande est l'influence territoriale et l'on a peine à croire que l'heure approche où il faudra « semer le chemin » de la dépouille politique qui a nom la chambre des lords. Cependant, des membres distingués de cette assemblée font déjà la part du feu et suggèrent des plans de réformes. Plus loin nous en examinerons un qui a paru dernièrement ; mais d'abord consacrons quelques pages aux causes diverses qui ont contribué à conserver si longtemps à la chambre haute son influence et le respect de la nation. En terminant nous donnerons des détails succincts sur la constitution, le règlement et les prérogatives de l'assemblée.

I

Comment l'aristocratie anglaise a-t-elle gardé jusqu'à nos jours son ascendant dans un pays où les instincts de la liberté sont, pour ainsi dire, innés dans la race ? Comment a-t-elle réussi à se faire non seulement tolérer, mais respecter ? Pour répondre à ces questions et se pénétrer des causes qui ont produit l'état de choses dont parle lord Macaulay, il faut remonter un peu haut.

Sur le continent, pendant la ténébreuse période de la féodalité, sauf dans quelques villes possédant des chartes, aucun rang intermédiaire ne comblait le gouffre qui séparait le baron du vilain. En Angleterre, après la conquête, les propriétaires terriens de la période saxonne, opprimés, mais non anéantis, par la noblesse normande, formèrent une classe moyenne qui servit de tampon entre les hauts seigneurs et le peuple. Cette classe, ignorante, grossière de mœurs, adonnée aux excès de table, possédait néanmoins une indépendance de caractère et un amour de la liberté personnelle qu'elle a transmis aux générations qui l'ont suivie. D'autre part, Guillaume le Conquérant et surtout Henri II octroyaient aux barons normands l'autorité législative, le grand conseil du souverain se composait des seigneurs tenant fiefs de la couronne, laïques ou ecclésiastiques, et limitait le pouvoir royal ; plus tard, il imposait la grande charte à Jean sans Terre. Quand les deux races, la saxonne et la normande, se fondirent sous les derniers Plantagenets, l'Angleterre se trouva posséder une aristocratie qui détenait un pouvoir législatif très réel et, au-dessous d'elle, une couche de gentilshommes de vieille souche et de propriétaires ruraux — *gentry and yeomanry* — qui soutenaient la haute noblesse dans ses luttes contre les prétentions de la couronne. Alors que dans les pays voisins l'autorité royale grandissait, en Angleterre elle se voyait de plus en plus limitée, et, au XVIIe siècle, quand Richelieu donnait le coup de grâce à la féodalité et que Louis XIV disait : « L'État, c'est moi », l'aristocratie d'outre-Manche ne craignait plus la puissance du trône.

Mais, à mesure que disparaissait tout danger d'en haut, les classes moyennes acquéraient de l'influence. Sans doute, dans un pays où un quart du sol était, et est encore, entre les mains de 1,200 propriétaires, et où un autre quart était détenu par 6,200 propriétaires, les possessions territoriales pesaient fortement dans la balance politique, et la noblesse conservait une autorité quasi féodale sur les classes agricoles, — autorité qu'elle augmentait en vivant habituellement sur ses terres au lieu d'encombrer les antichambres des palais royaux. Ce n'est donc pas en Angleterre que le vers de Delavigne :

« Un riche commerçant vaut un pair du royaume »

pouvait s'appliquer. Cependant, les classes manufacturières et commerçantes augmentaient en nombre et en richesses : de plus, elles étaient indépendantes, remuantes, portées aux réformes. Il fallait compter avec elles et avec les idées nouvelles. Que fit la chambre des lords? Elle montra un rare bon sens en renonçant à ses privilèges, ou au moins en les laissant tomber en désuétude. De l'autre côté de la Manche, les Anglais furent égaux devant la loi longtemps avant que la Convention proclamât l'égalité, la liberté et la propriété comme droits de l'homme avec les corollaires de la loi des suspects, de la guillotine en permanence et de la spoliation des émigrés.

L'aristocratie de vieille souche fit donc preuve, au siècle dernier, de bon sens et de flair politique; mais ce serait tomber dans une erreur vulgaire de croire que la chambre haute ne se compose actuellement que des héritiers d'anciens titres. Lamartine a dit quelque part : « En Angleterre, la chambre des pairs est le foyer des intérêts féodaux et aristocratiques. » Dans une certaine mesure, cela est vrai; mais l'infusion d'un sang nouveau et souvent plébéien tend sans cesse à modifier les tendances rétrogrades qu'elle pourrait montrer. Il suffit de consulter un nobiliaire pour s'assurer qu'à chaque génération, ses rangs se recrutent parmi les sommités des diverses professions et qu'un bon tiers des titres portés par les pairs actuels datent de ce siècle. C'est là un lien entre la caste aristocratique et le reste de la nation, lien qui est resserré par la rentrée, à la seconde ou à la troisième génération, des cadets de famille dans les classes non titrées. Si la pairie est le point de mire de l'homme qui émerge de la foule — Nelson, avant la bataille du Nil, disait : L'abbaye de Westminster ou une pairie, une tombe illustre ou un titre — par le fait même qu'une carrière illustre s'y termine, on y arrive un peu tard, et Pulteney la qualifiait, il y a plus de cent ans déjà, d'hôpital des Invalides (1).

A propos de nouveaux anoblis, citons la célèbre réponse que fit lord Thurlow au duc de Grafton vers la fin du siècle dernier. Le duc avait eu le mauvais goût de reprocher à lord Thurlow, à cette époque lord chancelier, son origine obscure. « De quelque côté que le noble duc se tourne, répliqua lord Thurlow, il verra un pair devant sa dignité au succès qu'il a obtenu dans la profession à laquelle j'appartiens. (Le lord chancelier est le chef de la magistrature). Ne sent-il pas qu'il est plus honorable de devoir sa pairie à ce succès que d'avoir été simplement le produit d'un hasard?... Je vénère la pairie à l'égal de n'importe qui, mais, je dois le dire, mylord, c'est la pairie qui est venue me chercher, non pas moi qui l'ai sollicitée. J'ajoute que, comme pair du parlement,

(1) Pulteney était l'adversaire acharné du premier ministre. « Quand j'aurai forcé sir Robert Walpole à donner sa démission, disait-il, je prendrai ma retraite à l'hôpital des Invalides. » Créé comte de Bath en 1742, il y rencontra son ancien rival, devenu comte d'Oxford : « Ah! mylord, lui dit Walpole, nous voilà devenus deux des hommes les plus insignifiants du royaume. » Un jour, à la chambre des communes, Pulteney gagna à sir Robert Walpole un pari d'une guinée, à propos d'une citation latine. Quand ce dernier paya sa dette, Pulteney lui dit que ce devait être la première fois que lui, Walpole, payait de l'argent à la chambre, sans que celui qui le donnait et celui qui le recevait eussent tous deux à en rougir.

comme speaker de cette honorable chambre, comme gardien des sceaux et de la conscience de Sa Majesté, comme grand-chancelier du royaume, je vais même plus loin, et je dis que comme homme — appellation dont rougit sans doute le noble duc — je suis en ce moment aussi digne de respect et aussi respecté que le pair le plus orgueilleux de cette assemblée. »

Nous ne rappellerons pas les démêlés qui eurent lieu, avant le commencement de ce siècle, entre les deux chambres du parlement ; ce serait lasser le lecteur par le récit de contestations qui n'ont plus d'importance. Un jour, les lords, usant de leur droit strict, bousculent et mettent littéralement à la porte des membres de l'autre assemblée; une autre fois, ce sont les communes qui jettent hors de la salle, à coups de pied, un bill leur revenant amendé de la chambre haute.

La sympathie qu'avaient excitée en Angleterre les principes de la révolution de 1789, fut étouffée par les excès de la Terreur, et cette réaction eut pour résultat d'assurer le pouvoir aux tories pendant de longues années. Puis, les guerres de l'Empire unirent les partis dans un sentiment patriotique et imposèrent à la nation un lourd fardeau qu'elle supporta vaillamment. Rien de moins propice que cette époque pour les réformes intérieures; aussi ce n'est qu'après 1815 qu'on voit poindre certaines questions brûlantes, causes de désaccord entre les deux branches de la législature. D'abord, ce fut l'émancipation des catholiques, mesure que Fox, voire même Pitt, n'avaient pu faire accepter de la chambre basse sous le règne de George III, tant était grande l'influence du roi, ennemi juré de la liberté de conscience. En 1829, le duc de Wellington, premier ministre d'un cabinet tory, cédant aux menaces de Daniel O'Connell, présenta le bill d'émancipation aux communes, qui l'adoptèrent à une forte majorité. Malgré les efforts du banc des évêques, il fut agréé des lords.

Deux ans plus tard, commença la lutte la plus sérieuse qu'on ait vue entre les deux corps législatifs. Il s'agissait de la célèbre loi de réforme électorale de 1831-32, qui portait atteinte au pouvoir politique des lords en leur enlevant le privilège de nommer à leur gré un certain nombre des membres de la chambre des communes. Les nobles lords regimbèrent et leur opposition fut longue et opiniâtre. Qu'il me soit permis à ce propos de rappeler ici un discours prononcé en 1832, par le spirituel chanoine de Saint-Paul, le révérend Sidney Smith. Il compara la chambre des lords à un personnage imaginaire, Mrs Partington, qui créée par lui pour les besoins de la cause, est devenue en Angleterre aussi symbolique que certains types des romans de Dickens. « Je ne veux pas, dit-il, leur manquer de respect, mais la tentative que font les lords pour arrêter les progrès de la réforme me rappelle la tempête qui eut lieu à Sidmouth et la conduite, en cette occasion, de l'excellente Mrs Partington. Pendant l'hiver de 1824, Sidmouth fut inondé, la marée s'éleva à une hauteur prodigieuse, les vagues se brisèrent contre les maisons et on craignit un cataclysme général. Au milieu de cet effroyable ouragan, on vit dame Partington à la porte de sa maison — elle vivait sur la plage — montée sur des patins et le balai à la main, se servant vigoureusement de cet instrument, exprimant l'eau de mer et repoussant avec énergie l'océan Atlantique. L'Atlantique s'y mettait tout de bon, Mrs Partington se piquait au jeu, mais point n'est besoin de vous dire que la lutte était inégale et que l'Atlantique remporta la victoire. Elle excellait, cette bonne Mrs Partington, à éponger une rinçure, voire même une flaque d'eau, mais elle n'aurait pas dû s'attaquer à l'Océan. N'ayez crainte, messieurs, vous l'emporterez sur Mrs Partington. »

Malgré son parti pris de céder en temps utile, la chambre des pairs ne put de longtemps se résoudre à abdiquer son influence politique dans l'autre chambre et il fallut donner vivement de l'éperon. Le comte Grey et lord Brougham obtinrent le consentement de Guillaume IV à la création de 80 nouveaux pairs : si le gouvernement se servait de cette arme, c'en était fait de la majorité conservatrice de la chambre haute, le libéralisme s'installait pour un temps indéfini dans le sanctuaire des tories; cela était inadmissible, à tout prix il fallait éviter pareille catastrophe, la menace ministérielle suffit et le bill passa. Notons, comme détail significatif, qu'il fut convenu entre le roi, dont on avait arraché le consentement avec une extrême difficulté, et ses ministres, qu'on nommerait aux nouvelles dignités, autant que faire se pourrait, les fils aînés des pairs, afin de ne pas augmenter la chambre d'une façon permanente.

Depuis lors, bien d'autres mesures, peu goûtées de la majorité des lords, ont reçu leur assentiment. L'amendement de la procédure en matière criminelle, l'abolition de la taxe sur les céréales, l'admission des juifs au parlement, le bill sur l'abolition d'une religion d'Etat en Irlande, le bill sur la suppression de l'achat des grades dans l'armée, et dernièrement la loi agraire irlandaise, ont donné lieu à une opposition plus ou moins sérieuse de la part des pairs, mais ils ont toujours fini par céder aux volontés de l'autre chambre, exigeant tout au plus quelques amendements dans les articles. On a même vu, à l'égard de la loi agraire irlandaise, le curieux spectacle du chef de la majorité abandonné par un certain nombre des siens, qui, en se ralliant à la minorité, ont donné gain de cause au ministère Gladstone, alors que lord Salisbury voulait continuer une lutte à outrance.

Étant donné que la chambre haute recule, mais qu'elle n'en finit pas moins par sauter et qu'elle cause par son mauvais vouloir des délais pernicieux, d'aucuns mettent son utilité en doute. A quoi bon, disent-ils, une assemblée passée à l'état de bureau d'enregistrement et toujours contrainte de subir la volonté des communes? Ne vaudrait-il pas mieux supprimer un rouage qui complique, sans avantage aucun, la machine gouvernementale et retarde, au détriment des intérêts publics, les mesures qui ont reçu l'assentiment des représentants de la nation? Ces questions s'imposent à une section des libéraux, mais non pas aux radicaux avancés, qui se gardent de réclamer la suppression d'un corps politique qu'ils préfèrent, au contraire, conserver caduc et impuissant. Quoi de mieux que d'y reléguer des adversaires qui seraient bien autrement dangereux à la chambre basse? Fermez, en effet, les portes de la chambre des lords et vous ne pouvez, sans atteinte à l'égalité, dénier aux pairs le droit de briguer les suffrages des électeurs ; ces suffrages, il n'est point douteux que beaucoup d'entre eux ne les obtiennent, grâce à leur influence locale et, en ce cas, les rangs des tories aux communes seraient grossis de ce que l'autre chambre contient de plus éloquent et de plus remuant. Les radicaux ne veulent donc pas abolir la chambre haute et il va de soi qu'ils veulent encore moins la réformer ; pour les besoins de leur cause, ils deviennent conservateurs et adoptent la devise de leurs adversaires : *Quieta non movere.*

Les conservateurs, eux aussi, se divisent en deux camps. Lord Salisbury disait, il y a quelques années : « Bien que l'existence de la chambre haute ne soit pas encore menacée, je m'attends à ce que cette question soit mise à l'ordre du jour et, ce moment, je le vois arriver sans appréhension. Toute institution gagne à être critiquée, et je suis d'avis que celles qui ne peuvent subir avec succès une discussion franche et loyale devraient cesser d'exister. » La prédiction du bouillant chef de l'opposition se vérifie ; la suppression de la chambre se discute et, tandis que le vieux parti tory se raidit contre tout changement, les conservateurs modérés proposent des plans de réformes.

II

Ceci nous amène à parler de deux articles publiés dans la livraison du mois de février 1884 de la revue intitulée : *The Nineteenth Century*. Le premier a pour titre : *La Chambre des Lords, sa Réforme*, et porte la signature du comte de Dunraven, qui siège à la chambre du côté des conservateurs ;

le second, signé J. E. Kebbel, traite de la suppression même de la chambre. Disons d'abord quelques mots du second article, qui n'est qu'un plaidoyer en faveur de la conservation de l'assemblée telle quelle.

L'auteur nous dit que le très honorable Shaw Lefevre, membre du gouvernement, mais ne siégeant pas au conseil des ministres, déclare les lords totalement et sans retour dénués de capacité politique, et les accuse de tentatives perpétuelles et déterminées de frustrer l'attente de la nation. De pareilles injures, ajoute l'auteur, sont non seulement excessives, extravagantes, mais elles portent à faux, puisque les ennemis les plus acharnés de la chambre haute reconnaissent son éloquence, sa capacité politique et son entendement des affaires. Dans les temps passés, ces injures n'étaient formulées que dans les meetings populaires par des agitateurs de bas étage; à l'heure actuelle, c'est un homme d'État, ayant place dans le ministère de M. Gladstone, qui les proclame. Mais il y a plus. M. Kebbel rappelle que M. Chamberlain, membre du cabinet, ministre du commerce (*President of the Board of Trade*), est non seulement partisan d'une chambre unique, mais qu'il a déclaré qu'à son point de vue, pour inaugurer une bonne et saine politique, il faudrait commencer par « balayer » la minorité à la chambre des communes, c'est-à-dire les conservateurs, pour la plupart propriétaires terriens — *country gentlemen*.

Loin d'encourager les penchants naturels de la classe territoriale, M. Kebbel assure que la chambre des lords les modère et que son existence est une garantie contre l'aristocratie; aussi croit-il que ce n'est pas la pairie comme corps législatif que visent les radicaux, mais que, derrière ce but apparent, se cache l'intention bien arrêtée de spolier la noblesse anglaise. L'auteur fait sans doute allusion aux rumeurs qui grondent sourdement contre la prodigieuse accumulation d'hectares entre les mains de certains possesseurs du sol. Nous occuper de cette question ardue serait sortir de notre cadre; bornons-nous à noter en passant que d'ingénieux politiciens d'outre-Manche font une distinction entre les revenus provenant de terres et l'opulence qui a pour source des placements en rentes ou en chemins de fer. Succédez au domaine paternel, et vous tombez sous la vindicte de ces raisonneurs; héritez d'un magot placé en fonds publics, et, pour le quart d'heure, on ne parle pas de vous spolier, mais cela ne peut manquer, si tant est que l'appétit vienne en mangeant. M. Kebbel ne voit donc, dans l'abolition de la chambre des pairs, que le premier pas sur le chemin d'un chaos social; il s'élève de toutes ses forces contre cette suppression, acclame les avantages d'une seconde assemblée et déclare qu'elle n'a même nul besoin d'être réformée.

Bien différent est le sentiment de lord Dunraven. Autrefois, nous dit-il, il croyait que l'existence d'une aristocratie n'était point un bienfait pour l'État, mais l'expérience et surtout de fréquents voyages aux États-Unis ont modifié ses vues. Maintenant, il est pénétré de l'avantage, de la nécessité même d'une seconde chambre, comme élément indispensable d'un gouvernement démocratique, tel qu'on le comprend en Angleterre; mais, quoique conservateur, il s'élève contre les préjugés des vieux tories et leur crainte de toucher à l'arche sainte. « Marchez avec le siècle, dit-il, sinon vous faites la partie belle aux démocrates, qui veulent vous laisser croupir dans l'inutilité. Rester en arrière des idées nouvelles, résister à toute innovation, c'est perdre son prestige, c'est inviter la nation à vous supprimer. Il faut à la chambre un regain de jeunesse et de vigueur. » Et le noble lord a son plan tout tracé pour mener à bien cette opération, d'aucuns diront ce miracle.

D'abord, notre réformateur pose en principe, et sans grand danger de contradiction, que la chambre haute devrait se composer uniquement d'hommes dont les opinions et les décisions s'imposent au pays. Par malheur, dans chaque génération, il se trouve des pairs, siégeant par droit d'hérédité, qui ne prennent qu'un intérêt médiocre à la chose publique et font rarement acte de présence; ils accourent cependant à l'appel des chefs, forment une majorité compacte et décident les questions les plus importantes. Évidemment, ce troupeau d'indifférents, d'oisifs, d'incapables, nuit à la chambre. D'autre part, les hommes illustres à qui la couronne confère la pairie laissent souvent à désirer en tant que législateurs. De ce qu'on a bien mérité de la patrie sur le champ de bataille, qu'on a excellé dans les sciences, les arts ou la littérature, qu'on a même exercé d'importantes fonctions administratives, ou — aurait pu ajouter le noble lord — qu'on a amassé plusieurs millions dans la haute banque ou le commerce — autre moyen non moins efficace de se voir ceindre le front d'une couronne de baron — il ne s'ensuit pas qu'on soit doué des qualités qui font les Solons. Bref, on peut être génie en certaines choses et fort mauvais législateur.

De ces prémisses découle la conséquence que la première réforme consistera à enlever la menue paille du grain, en d'autres termes à diminuer le nombre des législateurs, et cela d'autant plus que les discussions y gagneront et que les mesures seront mieux étudiées : « Voyez le sénat des États-Unis, le corps législatif le plus vigoureux, le plus efficace, le plus capable du monde entier ; il ne se compose que de 76 membres ; notre chambre haute ne devrait en compter au plus qu'une centaine. » Cependant, comme il faut se garder de diminuer le prestige attaché à la plus haute dignité que la couronne puisse accorder, on laissera à tous les pairs une part par procuration dans le gouvernement de l'État, voici comment : 80 à 100 membres, à prendre parmi les pairs actuels, seront investis du pouvoir législatif et, attendu qu'il n'existe en Angleterre ni conseillers généraux, ni conseillers d'arrondissement, ni conseillers municipaux, et qu'il y aurait de graves inconvénients à ce que les membres de la nouvelle chambre fussent choisis par la chambre des communes, le droit d'élire résidera dans la pairie actuelle, qui choisira ses délégués, ainsi que le font les pairs écossais et irlandais. Plusieurs moyens d'élire sont soumis à l'appréciation du lecteur, inutile de s'y arrêter.

Soit que la pairie se divise en trois corps, conservateurs, libéraux et indépendants, et qu'à chaque corps soit alloué un certain nombre de sièges; soit que les pairs se groupent en petites bandes de six et que chaque bande ait droit d'élire un délégué; soit qu'on emploie tout autre système, point de doute qu'on ne trouve le moyen de respecter le droit des minorités. En tout, 509 membres siègent au parlement; lord Dunraven propose de réduire ce nombre à un sixième à peu près, et c'est là sa première et sa plus importante réforme.

Mais la nouvelle chambre doit se renouveler plus souvent qu'elle ne le ferait par le décès de ses membres. La couronne crée des pairs, d'autres succèdent à leurs titres, il est juste qu'ils jouissent de leur privilège d'élection et du droit de se mettre sur les rangs comme candidats. D'ailleurs, les électeurs doivent pouvoir contrôler les discours et les votes de leurs mandataires; ils doivent même, si le cœur leur en dit, pouvoir suivre les tendances et les aspirations de la nation en modifiant leurs propres opinions. Pour obtenir ce résultat, lord Dunraven adopte le système de renouvellement du sénat français. Les représentants seront nommés pour neuf ans, renouvelables par tiers tous les trois ans; des premiers élus, un tiers ne pourra siéger que trois ans, un autre tiers que six ans et le ballottage décidera dans quelle catégorie chaque pair sera rangé. Ce système, calqué sur celui de la constitution française de 1875, s'en éloigne en ce que l'inamovibilité est supprimée, ce rouage devenant inutile du moment que candidats et électeurs font tous partie du même corps.

Cependant — toujours d'après notre innovateur — il ne suffit pas de vanner la chambre existante, de la débarrasser des nullités, autant que faire se pourra, il faut la renforcer en donnant à la couronne le droit de créer des pairies personnelles (1). On pourrait ainsi anoblir des hommes capables,

(1) Dans un temps reculé, il y avait, croit-on, des pairies personnelles ; mais en 1856, quand la couronne conféra une pairie de ce genre à sir James Parke, créé lord Wensleydale, la chambre haute, sur le rapport d'un comité nommé ad hoc, décida que le nouveau lord ne pourrait ni siéger, ni voter. Actuellement, trois juges sont pairs pendant la durée de leurs fonctions et la chambre le tolère pour des raisons que l'on trouvera plus loin.

qui, pour diverses causes, ne veulent pas ou ne peuvent pas accepter un titre héréditaire. Ces causes, l'auteur ne les énumère pas, mais il est permis de croire que la plus importante, celle qui prime toutes les autres, doit être le manque d'une fortune suffisante pour laisser au fils aîné un héritage qui lui permette de soutenir dignement son rang. Il est bien entendu que les pairs viagers ne seront pas, par ce fait seul et de droit, membres de la nouvelle chambre ; mais lord Dunraven croit que leurs confrères s'empresseront de les élire, puisque ce sera à leur mérite qu'ils devront leur noblesse. Cette déduction ne nous paraît pas rigoureusement exacte.

En rendant compte du projet du noble lord, nous passons bien des détails sous silence, mais il importe de mentionner une innovation sérieuse, celle de donner des sièges à des représentants de toutes les colonies, jouissant d'une législature indépendante. Les colonies anglaises, on le sait, n'envoient pas de députés à la chambre des communes et, au point de vue britannique, elles ne pourraient être représentées dans une assemblée qui vote le budget et qui s'occupe de lois de finances. Mais la même objection n'existe pas à l'égard de la chambre des lords, les pairs n'ayant point voix délibérative en matière financière. Hors du Royaume-Uni, il paraît surprenant que le pays le plus colonisateur du monde entier, dont la prospérité repose en grande mesure sur les débouchés commerciaux que lui assurent ses dépendances, ne leur ait pas donné la facilité de faire entendre au parlement leurs désirs ou leurs doléances. Lord Dunraven est d'avis qu'il est temps de réparer cette injustice ; il propose donc que des pairies héréditaires ou personnelles soient créées dans les colonies et que les législatures respectives desdites colonies choisissent parmi ces pairs un ou deux représentants qui feraient partie de la chambre régénérée.

Voilà, tracé à grands traits, le projet qui doit assurer pour longtemps encore la gratitude de la nation au plus ancien corps législatif de l'Europe. Il est juste d'ajouter que son auteur ne le présente pas comme parfait; bien au contraire. Il se réserve toute liberté de se rallier à d'autres propositions; mais il est convaincu qu'une réforme est nécessaire, si le corps auquel il a l'honneur de faire partie aspire à conserver la confiance du pays. Voyant que ce corps s'en va à vau-l'eau, il lui jette une bouée, quitte à coopérer à un sauvetage plus efficace, si on le lui indique.

L'Angleterre, ainsi que l'observe lord Dunraven, est la mère du système parlementaire, et les opinions qu'on y émet sur les avantages ou les désavantages d'une seconde chambre, sur ses fonctions, sa constitution et ses pouvoirs, sur les réformes que nécessite la marche des idées modernes, ne peuvent manquer d'intéresser les autres nations européennes. C'est à ce titre que nous avons reproduit les vues qui précèdent, bien que leur efficacité nous paraisse douteuse. Certes, ce n'est pas par l'audace ni même par la vigueur qu'elles brillent. Nul ne sera éligible à la nouvelle chambre s'il n'appartient déjà à la pairie, et nul ne sera électeur à moins d'être pair. Mais en quoi donc ce corps législatif se distinguera-t-il de l'assemblée à laquelle il doit succéder ? Peut-on sainement espérer qu'il se dépouillera des préjugés de caste, des opinions surannées, des tendances égoïstes dont on accuse les pairs en tant qu'ils forment un corps de l'État ? Ne peut-on pas prédire, presque à coup sûr, que les délégués de ces pairs, à qui sera donné plein pouvoir de voter à leur place, se comporteront en toutes choses comme de loyaux représentants de leur ordre ? Dans la salle des délibérations, il y aura moins de monde; les jours de grande bataille, on recueillera moins de votes au scrutin, et voilà tout. Quant aux séances ordinaires, une demi-douzaine de législateurs de chaque côté du président continuera, comme par le passé, à représenter le parti au pouvoir et l'opposition.

Rien de gagné non plus dans l'expédition des affaires. La chambre haute est réduite, pendant les trois premiers mois de chaque session, à une inactivité forcée, faute de mesures à discuter, et n'a que faire de son temps. Puis, quand, enfin, les bills arrivent des communes, les pairs ne pèchent pas par la loquacité; il leur manque l'aiguillon qui pousse les mandataires des comtés et des bourgs à pérorer, afin que leurs discours impressionnent les électeurs. Les chefs de parti parlent et parlent bien, parmi eux lord Dunraven; mais telle mesure, qu'un flot de paroles retarde quinze jours aux communes, est votée et rejetée en autant d'heures par l'autre chambre.

L'auteur de ces projets de réformes nous semble aussi s'exagérer les avantages à tirer du système amovible. En France, les différents corps qui, par leurs délégués ou par eux-mêmes, forment dans chaque département le collège chargé de l'élection des sénateurs, se renouvellent par élection et réfléchissent le *vox populi*. En Angleterre, un seul corps inamovible, qui, dans l'intervalle de neuf en neuf ans, n'aura éprouvé d'autres modifications que l'adjonction de quelques membres nommés par la couronne, et de quelques héritiers succédant à leurs prédécesseurs, exercera ces fonctions. A peu d'exceptions près, les opinions politiques, dans les grandes familles, se transmettent de père en fils comme les majorats; c'est un meuble semblable aux joyaux de famille, qui accompagne les hectares héréditaires. Lord Derby, il est vrai, de conservateur qu'il était, est devenu libéral, mais c'est un merle blanc, et l'on peut poser en fait qu'un Cavendish, un Fitzwilliam, sera toujours un whig et qu'un Lennox, ou un Percy votera, à travers les générations, avec les tories. Comment croire ou même espérer que, dans de pareilles conditions, les chambres se suivront et ne se ressembleront pas? Il est bien plus probable que les mandataires seront réélus tous les neuf ans, leur vie durant, ainsi que cela a lieu à l'égard des délégués de la pairie écossaise (1).

(1) Aux dernières élections cependant, les pairs écossais se débarrassèrent d'une brebis galeuse, mais la politique n'y fut pour rien. Le marquis de Queensberry est non seulement libre penseur, mais il a le courage de ses opinions. L'ostracisme ne s'est pas fait attendre.

Le parti au pouvoir pourrait toujours, à la vérité, faire pencher la balance de son côté en créant un nombre considérable de pairs; mais ce moyen héroïque, contraire à l'esprit de la constitution, n'est point mis en pratique, bien que la menace, ainsi que nous l'avons montré, suffise pour réduire à l'obéissance une assemblée récalcitrante.

Que la chambre compte 500 membres ou qu'elle en compte 80, qu'elle soit composée des pairs jouissant actuellement de leurs prérogatives ou de leurs mandataires, tant que durera le système héréditaire, il n'y aura rien de changé, et notre réformateur, en proposant la création de pairies personnelles, paraît le reconnaître. Mais ces deux noblesses, l'une héréditaire et l'autre viagère, feraient-elles bon ménage dans un vieux pays tout confit de traditions et où existe — pour se servir des expressions mêmes de lord Dunraven — « au plus haut degré le désir de fonder une famille, de perpétuer les titres et les honneurs et de vivre de façon à ne pas avilir un nom honorable » ? La noblesse viagère ne se trouverait-elle pas dans une position inférieure ? Le public ne verrait-il pas là une distinction humiliante, et cela d'autant plus que la couronne conserverait, bien entendu, le privilège de créer des pairies héréditaires ?

En examinant ces réformes, qui n'en sont pas, on dirait presque que leur auteur, reculant devant un changement radical, a eu recours à des expédients en désespoir de cause et sans grande confiance dans ses propres remèdes.

Au lieu de coups d'épée dans l'eau, taillera-t-on dans le vif ? En viendra-t-on à abolir le droit d'hérédité et à nommer les membres de la chambre haute par un système d'élections au second degré ? Il passera bien de l'eau sous les ponts de Londres avant qu'on voie à Westminster un sénat, choisi par des collèges électoraux, auquel tout Anglais sera éligible. Malgré la différence d'opinion, dans le camp libéral, sur l'utilité d'une seconde chambre, son anéantissement est plus probable qu'une pareille transformation, incompatible avec le droit d'aînesse et les majorats. En attendant, la chambre des lords, telle quelle, n'enrayera pas les mesures démocratiques réclamées par la nation et, par suite, son existence n'est pas incompatible avec les idées progressives, à la condition qu'elle comprenne son rôle.

Ce rôle n'est-il pas tout tracé? Ne pas gaspiller l'influence qui lui reste encore en faisant à tout propos de l'opposition aux communes, mais arrêter au passage les mesures qui paraissent vraiment dangereuses et donner ainsi au pays le temps de se recueillir. S'assurer, par ce délai, si la majorité à la chambre des communes représente le vœu populaire; attendre que la nation le prouve par des meetings, par la voie de la presse, s'il y a doute, par de nouvelles élections, puis céder. Les pairs possèdent un pouvoir qui n'émane d'aucune délégation ; inamovibles, ils ne craignent pas une impopularité passagère. Qu'ils forment le contrepoids à la chambre des communes et modèrent l'ardeur des mandataires des comtés et des bourgs, entraînés trop souvent par le souffle éphémère de l'opinion publique, par le prestige d'un grand ministre ou par des raisons personnelles auxquelles échappent les membres de la chambre haute. C'est une noble tâche qui leur incombe. S'ils la remplissent dignement, s'ils se laissent guider par cet esprit d'équité, de bon sens et en même temps de compromis, qui distingue le caractère national et cimente le système politique et social du pays, ils seront dans l'avenir comme ils l'ont été au temps jadis, et ainsi que l'a dit Shakspeare, « les piliers de l'État. »

III

La chambre des lords compte 518 membres; 9 sont mineurs, c'est-à-dire âgés de moins de 21 ans; restent 509 pairs siégeant. Voici comment les titres sont répartis :

6 princes du sang, 2 archevêques, 21 ducs, 19 marquis, 117 comtes (*earls*), 26 vicomtes, 24 évêques, 259 barons,

16 mandataires de la pairie écossaise, élus à chaque nouveau parlement, 28 mandataires de la pairie irlandaise, inamovibles.

Il y a 84 pairs d'Écosse et 178 pairs irlandais. Ils ne siègent pas tous au parlement et, à ce sujet, deux mots d'explication. A l'époque de l'union de l'Angleterre et de l'Écosse, en 1707, une pairie écossaise existait, distincte, comme de raison, de la pairie anglaise. Par l'acte d'union, il fut réglé que 16 de ces pairs seraient élus par la noblesse écossaise et la représenteraient au parlement britannique, une nouvelle élection ayant lieu à chaque nouveau parlement. De plus, un certain nombre de pairs d'Écosse portent des titres anglais, ou bien encore ont été créés pairs du Royaume-Uni depuis l'union — on ne crée plus de pairs écossais ni irlandais — et ils siègent en vertu de ces titres : ainsi, le duc de Bucclench ne siège pas comme duc, mais comme comte de Doncaster, titre anglais dans la famille depuis 1662; les marquis de Huntly ne font partie de la chambre haute que depuis 1815, en vertu du titre de baron de Meldrum du Royaume-Uni. 49 pairs sont dans cette position; il en reste donc 35 qui sont uniquement pairs d'Écosse ; parmi ces 35, on en choisit 16 comme mandataires, le reliquat de 19 se trouve dans une singulière position. Ce sont les seuls individus de la Grande-Bretagne et de l'Irlande, point membres de la chambre haute, qui ne peuvent se présenter comme candidats à la chambre des communes, par suite de leur naissance : l'acte d'union en a fait des déshérités politiques.

Lors de l'union de l'Irlande avec la Grande-Bretagne, en 1801, le même système fut adopté, avec cette différence que les délégués irlandais siègent leur vie durant. La pairie irlandaise se compose de 178 membres, dont 28 sont élus mandataires de leur ordre. 81 jouissent de dignités leur donnant accès à la chambre héréditaire comme pairs du Royaume-Uni ; restent 69 lords à qui la porte de cette assemblée est fermée; mais, plus heureux que leurs confrères écossais, il leur est permis de faire partie de la chambre des communes, pourvu, toutefois, qu'ils ne représentent pas un collège électoral irlandais.

Les us et coutumes des deux corps législatifs du parlement sont identiques sous bien des rapports, et les salles où ils siègent sont aménagées de la même façon, bien que celle que le souverain honore parfois de sa présence soit plus richement décorée. Un trône élevé occupe l'un des bouts de la pièce oblongue qui sert aux délibérations; sous le trône siège le speaker et, devant lui, se trouve une table à laquelle prennent place les greffiers en robes noires et en perruques à rouleaux. Les membres s'asseyent sur des banquettes alignées parallèlement de chaque côté de la table. A la droite du trône se place le parti au pouvoir, libéral ou conservateur; à sa gauche, l'opposition. Les vingt-six dignitaires qui représentent le clergé, vêtus de robes noires à manches bouffées en linon, se parquent ensemble à droite du trône et votent pour le parti auquel ils doivent leur mitre, à moins toutefois qu'il ne s'agisse de réformes religieuses, auquel cas ils votent comme un seul homme pour le *statu quo* (1). En vertu de sa charge, le garde des sceaux, grand chancelier du royaume, préside la chambre des lords. Ce haut fonctionnaire

(1) Le 21 mars dernier, M. Willis fit à la chambre des communes la motion suivante : « Que le pouvoir législatif des évêques à la chambre des pairs est un obstacle à l'accomplissement de leurs fonctions sacerdotales, qu'il porte préjudice à l'État et qu'il devrait leur être enlevé. » 285 députés votèrent et la motion ne fut perdue que par une majorité de onze voix. Le ministre de l'intérieur, sir W. Harcourt, fit beaucoup rire, d'abord en qualifiant la chambre haute d'assemblée respectable, s'occupant une fois toutes les trois semaines d'affaires sérieuses et ne pouvant, par cela même, distraire les évêques de leurs pieux devoirs, puis en rappelant aux radicaux qu'ils proposaient justement de bannir de cette assemblée les seuls membres siégeant par droit de mérite.

Le même soir, dans la chambre héréditaire, lord Thurlow — descendant du célèbre lord chancelier déjà mentionné — proposa une motion tendant à ouvrir, le dimanche, les galeries de tableaux et les musées de Londres, ainsi que cela se fait déjà dans plusieurs villes de province. 84 membres votèrent et la motion fut rejetée à une majorité de 8. Dix évêques prirent part aux votes. Sans leur opposition unanime, la mesure passait à la majorité de deux voix. Le prince de Galles vota pour. Tous les ans, le bill accordant le droit aux veufs d'épouser leur belle-sœur en secondes noces est rejeté, grâce à l'appoint du banc épiscopal. Cette année il a passé à la chambre des communes à une majorité de 111 voix, mais il n'est pas arrivé jusqu'à la chambre haute.

prend le pas immédiatement après les princes du sang et l'archevêque de Canterbury ; quand le souverain n'ouvre pas en personne la session parlementaire, c'est à lui qu'incombe le devoir de lire le discours royal. En robe rouge, le chef couvert d'une perruque encore plus invraisemblable que celle de son collègue de l'autre chambré, il s'assied sur un grand siège carré, rembourré de laine, peu confortable, sans dossier et sans bras, qui a le nom de *woolsack* et qui date du temps de la reine Élisabeth. Ce « sac de laine » rappelle qu'un bill fut passé à cette époque interdisant l'exportation de la laine, source principale de la richesse manufacturière du pays au XVIe siècle. Le lord chancelier prend part aux discussions et a le droit de voter, mais, si les voix s'égalisent, c'est la coutume invariable que la sienne soit donnée aux opposants de la mesure en suspens. Les orateurs s'adressent à l'assemblée et non pas au speaker, ainsi que cela se fait à la chambre basse ; si plusieurs membres se lèvent en même temps, c'est la chambre qui décide à qui sera accordée la parole, tandis qu'aux communes le speaker désigne l'orateur. En parlant d'un autre pair, on ne le nomme pas ; c'est par son titre qu'il convient de le désigner, aussi dans le courant d'une discussion est-il parfois difficile de bien particulariser à quel noble lord on fait allusion.

Les mesures passent par les mêmes épreuves qu'à la chambre basse ; d'abord les trois « lectures », puis la discussion des articles, le rejet ou l'adoption des amendements. Les votes se recueillent de même. Seulement, à l'épreuve par acclamations, les lords répondent *content* ou bien *non content*, au lieu de *oui* et *non*. Autrefois, le vote par procurations était permis, chaque pair ayant le droit de disposer des voix de deux collègues absents ; depuis 1868, pour voter, il faut être présent.

Ainsi que nous l'avons déjà dit, les séances sont peu suivies. Au lieu des 40 membres de rigueur aux communes, il suffit du speaker et de deux autres pairs pour que l'assemblée soit en nombre et, à moins d'une question de parti ou d'une interpellation ministérielle, la salle est d'ordinaire aux trois quarts vide. Parfois, les lords prennent l'initiative d'un projet de loi — surtout en matière de procédure — qui va ensuite aux communes, mais ils ne sont pas coutumiers du fait (1). L'initiative des mesures ayant rapport au budget ou aux finances appartient de droit à la chambre basse. A la fin de la session, un bill nommé *Appropriation bill* résume et réunit les mesures des voies et moyens, et ce bill est envoyé aux lords, qui ont le droit de le rejeter, mais non de le modifier ; le faire serait un empiétement des privilèges des communes. En pratique, toute mesure financière mettant des ressources à la disposition du gouvernement — emprunt, impôts ou droits — qui est adoptée par les représentants de la nation, reçoit l'assentiment de l'autre chambre. Aussi trouve-t-on, dans le discours du trône, à l'ouverture de chaque session, une requête demandant aux communes de passer les mesures nécessaires pour assurer l'exercice de l'année et, à la fin des sessions, un remercîment d'avoir voté les subsides indispensables pour faire face aux frais de l'État.

Autrefois, quand les deux chambres ne pouvaient s'entendre et qu'un projet de loi était amendé ou dénaturé au point de rendre des concessions mutuelles fort difficiles, on nommait, de part et d'autre, des commissaires chargés d'aplanir les obstacles. A ces conférences, les fondés de pouvoir de la chambre héréditaire s'asseyaient et se couvraient, tandis

(1) Tout dernièrement, lord Bramwell — ci-devant avocat distingué — a fait passer par la chambre héréditaire, un bill qui va causer une petite révolution en procédure criminelle, si tant est que les communes l'acceptent. D'après ce projet : 1° Un inculpé pourra se défendre et offrir son témoignage, mais en ce cas il subira aussi un interrogatoire contradictoire. Jusqu'à présent, les accusés ne pouvaient se disculper que par les témoins à décharge et par la voix de leurs avocats ; par contre, ils ne pouvaient être interrogés ; 2° quand il y a plus d'un inculpé, chacun d'eux aura le droit de témoigner en faveur de, ou contre son ou ses co-accusés ; 3° sera admis, le témoignage d'un mari pour ou contre sa femme et de la femme pour ou contre son mari. Ces mesures sont réclamées depuis un demi-siècle. De l'autre côté de la Manche, tout vient à point à qui peut attendre ; mais, en attendant, que d'innocents ont été faussement condamnés, que de criminels ont échappé aux conséquences de leurs méfaits !

que ceux des communes se tenaient debout et la tête découverte. D'un commun accord, on a discontinué les conférences, et, depuis une trentaine d'années, on se renvoie mutuellement les bills avec certaines façons cérémonieuses. Quand un projet de loi qui a passé par les communes est envoyé aux pairs, le greffier écrit en tête, *en vieux français* : « Soit baillé aux seigneurs. » Si les lords le renvoient avec des amendements, on l'étiquète : « A ceste bille avesque des amendments les seigneurs sont assentis » ; si les communes sont de bonne composition et acceptent les amendements, on écrit de nouveau : « A ces amendments les communes sont assenties. » L'assentiment du souverain, de rigueur avant qu'un bill ait force de loi, se donne à la chambre haute. Anciennement, le roi ou la reine venait en personne octroyer ou refuser ce consentement. On lisait le titre du projet de loi et Sa Majesté saluait, ce qui voulait dire « oui », ou ne bougeait, ce qui voulait dire « non ». Maintenant que le pouvoir royal n'est plus qu'une fiction, ce sont des commissaires nommés *ad hoc* qui annoncent le bon plaisir du monarque en ces mots : « La Reyne le veult », ou bien, s'il s'agit d'une mesure financière : « La Reyne remercie ses bons sujets, accepte leur bénévolence et ainsi le veult » ; on ne pourrait être plus aimable. Si, par impossible, l'assentiment était refusé, on y mettrait des formes et on dirait : « La Reyne s'avisera. » Quelques formules en vieux français, voilà tout ce qui reste de la conquête normande !

Quand l'assentiment de la couronne se donne, le speaker des communes est tenu de se rendre à la chambre haute, d'y faire trois grands saluts et puis, la formule prononcée, de se retirer à reculons. On sait aussi qu'à l'ouverture de chaque session, on mande le speaker à la barre des pairs, pour y ouïr le discours royal. Il y vient, suivi des représentants de la nation, qui se pressent, se bousculent même comme des écoliers, dans l'espace restreint mis à leur disposition, et font assez piètre figure près des lords resplendissants dans leurs robes rouges. Les communes se prêtent de bonne grâce à l'infériorité qu'on leur impose vis-à-vis des « seigneurs », ils poussent même la déférence jusqu'à observer une ancienne coutume qui leur interdit de prononcer, dans les débats, le nom auguste de l'assemblée héréditaire, de crainte d'influencer quelques âmes timorées. Il faut dire : Telle chose a été faite, ou dite « dans un autre endroit ». Ce sont bien là des traits du caractère anglais, s'accommodant de formes surannées et entourant de respect de vieilles institutions, tout en les privant du pouvoir qui pourrait être dangereux aux libertés du pays.

Reste-t-il des prérogatives attachées au rang de pair ? Les deux chambres, en tant qu'elles sont des corps de l'État, jouissent de certains droits ; mais quels sont les privilèges personnels des « seigneurs » ? On s'en forme généralement une opinion exagérée, et l'on va voir combien ils se réduisent à peu de chose.

1° Un pair ne peut perdre son droit de noblesse que par arrêt du parlement le déclarant atteint et convaincu du crime de haute trahison ou de félonie. On cite cependant le cas unique d'un pair dégradé en raison de sa pauvreté ; ce fut George Neville, duc de Bedford, et le fait eut lieu sous le règne d'Édouard IV ;

2° Dans la cour de la chancellerie (*Chancery court*), un pair déclare sur son honneur et ne prête pas serment. Cité comme témoin dans n'importe quelle autre cour, il est assujetti au droit commun ;

3° Les juges des tribunaux de police ne peuvent exiger de caution d'un pair ; on fait intervenir, en ce cas, une cour supérieure, celle du banc de la reine ou de la chancellerie ;

4° Calomnier un pair est une offense plus grave que de diffamer le commun des mortels et la punition en est plus sévère. En pratique, ce privilège est absolument nul ;

5° Un pair accusé de haute trahison ou de tout autre crime digne de mort et entraînant confiscation des biens (*felony*), a le droit d'être jugé par ses égaux. Tous les membres de la chambre haute sont alors convoqués et l'accusé est acquitté ou condamné à la simple majorité, le verdict étant donné sur l'honneur (1). Pour moindre délit (*misdemeanor*), un pair est justiciable des tribunaux ordinaires. Notons que les évêques ne jouissent pas du privilège susmentionné ;

6° L'inviolabilité parlementaire, n'existant pour les membres des communes que pendant la durée de la session, est continuelle pour les pairs. Cependant, un pair en état de faillite ne peut ni siéger, ni voter ;

7° Les pairs sont exemptés de faire partie d'un jury ;

8° Si tel est leur bon plaisir, ils peuvent rester tête couverte devant les cours.

Un seul pair — le plus ancien baron de la pairie irlandaise — peut aussi réclamer le singulier privilège de se couvrir devant son souverain, et la légende sur laquelle se fonde ce droit est assez curieuse pour qu'on la raconte.

Sir John de Courcy, vaillant guerrier en grande faveur sous Henri II, tomba en disgrâce quand Jean sans Terre succéda au trône à la mort de Richard Cœur de Lion, et fut condamné, en 1203, à une prison perpétuelle dans la Tour de Londres. Bientôt après son incarcération, un démêlé s'éleva entre le roi d'Angleterre et Philippe-Auguste, au sujet du duché de Normandie, et, d'un commun accord, les deux monarques convinrent d'en laisser la décision aux chances d'un combat singulier. Jour fut pris, et le roi de France nomma son champion ; mais Jean, toujours impopulaire, ne put trouver un de ses barons disposés à relever le gant. Dans son embarras, il s'adressa au prisonnier enfermé dans la Tour, et celui-ci, bien qu'à contre-cœur, accepte une tâche qui devait lui rendre la liberté. En grande pompe, les rois de France, d'Espagne et d'Angleterre se rendirent au champ clos, les clairons sonnèrent, la lice fut ouverte, mais, ô disgrâce ! le champion français, pris d'une peur bleue à la vue du redoutable guerrier qui lui était opposé, mit les éperons à son destrier, et plus jamais oncques ne le vit.

(1) On sait qu'en Angleterre le verdict des jurés doit être unanime.

La victoire fut forcément adjugée au chevalier anglais, après quoi le roi de France le pria, pour passer le temps, de montrer la force de son bras, et de Courcy, d'un coup de son glaive, fendit un lourd casque de chevalier. Jean sans Terre, charmé du résultat de l'affaire, autorisa son champion à lui demander une grâce, sur quoi de Courcy, faisant fi des honneurs et des richesses, réclama le droit, pour lui et ses descendants, de conserver son couvre-chef en présence des rois d'Angleterre présent et à venir. Les lords Kingsale, descendants de ce foudre de guerre, ont à diverses reprises revendiqué le droit, et notamment au couronnement des souverains.

Il nous reste à parler d'une importante fonction que remplit, ou, pour mieux dire, qu'est censée remplir la chambre des lords. Sous les rois normands, le grand conseil était un corps judiciaire aussi bien que législatif, mais avec l'accroissement de la population et la complication des intérêts sociaux, les fonctions judiciaires de la pairie durent être transférées petit à petit à divers tribunaux. Jusqu'en 1858, la chambre haute eut à connaître des demandes en divorce. On créa alors une cour spéciale, ce qui permit à toutes les classes de profiter d'un droit réservé jusqu'alors aux riches, vu les frais considérables qu'entraînait un litige devant les pairs.

A l'heure présente, la chambre des lords continue à être la suprême cour d'appel, décidant en dernier ressort les causes civiles déjà jugées par les cours supérieures dans toute l'étendue de l'empire britannique; mais que de changements n'a-t-elle pas subis depuis quarante ans!

Déjà, en 1844, on avait établi dans la cause d'O'Connell, en appelant en cassation d'une décision du tribunal du Banc de la Reine en Irlande, que seulement ceux des pairs qui avaient occupé des fonctions judiciaires seraient admis à prononcer leur avis. C'était une réforme nécessaire, car auparavant il était arrivé à de nobles lords, n'ayant aucune teinture légale, d'émettre leur opinion. En 1876, on alla plus loin, et de fait on réduisit le tribunal au lord chancelier et à trois juges de la cour d'appel, auxquels, afin de sauver les apparences, on conféra des pairies pour tant et si longtemps qu'ils occuperaient leurs charges. Il est vrai que les ex-lords chanceliers et autres pairs, ayant été juges d'appel, peuvent se joindre aux quatre magistrats ci-dessus nommés, mais ils n'usent guère de ce droit, et, comme cela se pratique d'habitude en Angleterre, on a ainsi perfectionné, transformé même, un rouage de la constitution, sans rien détruire et surtout sans changer un nom consacré par le temps (1).

---

(1) Depuis que ces lignes ont été écrites, la chambre des communes a passé, à la majorité de 130 voix, la loi électorale, présentée par M. Gladstone, qui va donner le droit de suffrage à quelque chose comme 2 millions de nouveaux électeurs habitant les campagnes, les petits bourgs et les villages, et appartenant moitié à la classe des boutiquiers, des mineurs et des artisans, et moitié à la classe purement agricole. La chambre héréditaire, de son côté, a adopté à une majorité de 59 voix un amendement présenté par l'opposition où il est dit que, toute disposée à adopter le principe d'une extension du suffrage, elle se refuse à passer le bill à moins qu'il ne soit accompagné d'un remaniement dans la répartition des sièges. Voici donc un désaccord sérieux entre les deux chambres et M. Gladstone, en vue de hâter une solution, réunira le parlement en session extraordinaire le 20 octobre. — Quelle sera la ligne de conduite que le gouvernement adoptera ? Cédera-t-on aux lords en ajoutant à la mesure des clauses de remaniement ? Dissoudra-t-on le parlement pour faire appel à la nation ou mettra-t-on en avant une fois encore la célèbre menace de 1832 de créer un nombre de pairs suffisant pour contrecarrer l'opposition ? Qui vivra, verra. En attendant il se présente en Angleterre de vifs symptômes d'agitation : des meetings monstres ont lieu, les pairs sont menacés par les radicaux, encouragés par les conservateurs; la presse fulmine, les revues mensuelles sont remplies d'articles dans le genre de ceux précités dans ce travail et la politique extérieure qui occupait naguère les esprits est presque oubliée. Quel que soit le sort du bill, quelle que soit l'issue de l'agitation ou le compromis de part ou d'autre qui nous fera sortir de l'impasse, il est une chose certaine, c'est que la nation fera sa volonté et une autre probable, que la chambre des lords survivra à l'orage.

LA CHAMBRE DES COMMUNES

Dans un opuscule intitulé : *The House of Commons*, M. Palgrave, second greffier de la chambre des communes, raconte que le speaker Denison, à qui un visiteur français demandait un jour un exemplaire du règlement, répondit, en montrant d'un geste expressif des rangées de gros folios entassés sur les planches de sa bibliothèque : « Notre règlement, le voilà. » Il paraît que M. Denison se plaisait à décrire l'effroi que produisit sa réponse et le mouvement de recul bien prononcé de son interlocuteur. L'étranger, habitué aux règlements courts et précis des chambres continentales, ne réussirait jamais à démêler les statuts confus et souvent bizarres qui régissent la chambre britannique, et il est plus que probable qu'après s'être tourmenté l'esprit en pure perte, il s'écrierait, avec l'hôte de M. Denison, que ces folios ne sont qu'un répertoire de contradictions et de précédents antagonistiques.

Vénérable par son antiquité, illustre par ses fastes, puissante par son autorité, la chambre basse pousse à l'extrême respect des formes anciennes; ses ordonnances, dont nombre datent d'une demi-douzaine de siècles, ont été tellement taillées, rapiécées, remaniées, qu'il faut une étude spéciale et approfondie pour voir clair dans le fatras et que la plupart des membres, effrayés eux-mêmes des dédales de la jurisprudence qui les régit, s'en rapportent aveuglément au speaker sur des matières hors de leur compétence.

Loin de nous l'intention de plonger dans ce gâchis ou de faire l'historique des usages du parlement. Notre but est moins ambitieux et nous nous estimerons heureux si nous réussissons à donner au lecteur une idée juste de l'aspect de la chambre, de la singularité de son étiquette, de quelques-unes de ses coutumes caractéristiques et des habitudes de ses membres.

On sait que la salle où se réunissent les communes n'est point construite en amphithéâtre et n'a point de tribune. Ce n'est, à vrai dire, qu'une vaste chambre oblongue et garnie de bancs non stallés, s'élevant en étages de chaque côté et en face du fauteuil du speaker, lequel occupe un bout de la salle et fait vis-à-vis à la porte d'entrée. Si un architecte était chargé de construire un local destiné à l'usage d'un nombre déterminé de personnes, la première condition se présentant à son esprit serait, on le suppose, de le bâtir de façon que chacun puisse s'y caser commodément et y trouver sa place. Dans l'espèce, il est même probable qu'il irait plus loin et que, réfléchissant qu'à mesure que la population augmenterait, le nombre des représentants pourrait bien s'accroître, il laisserait une marge pour l'avenir. Eh bien, sir Charles Barry, en construisant la salle qui sert aux délibérations des communes, a fait justement le contraire. Tous les membres ne sauraient trouver place sur les banquettes et, quand, les jours de grandes batailles, la chambre est presque au complet, bon nombre d'honorables « gentlemen » se tiennent forcément debout, groupés autour du fauteuil présidentiel, ou bien prennent place sur les bancs qui font face au speaker et qui sont censés ne pas être dans l'enceinte même de la chambre. Par courtoisie, on laisse aux membres influents les mêmes places pendant la session entière, mais pour les autres, c'est comme au parterre : aux premiers venus les meilleures places; aussi, les jours de presse, on a soin d'arriver pour le service religieux qui inaugure journellement les débats. Dix minutes de dévotion donnent le droit — aussitôt les prières terminées — de placer sa carte dans un petit cadre disposé sur le dossier, et la part de banc ainsi marquée est assurée pendant toute la durée de la séance.

Le fauteuil du speaker, placé sur une estrade, et qu'on a comparé avec assez de justesse à une guérite surmontée des armes royales, occupe, ainsi que nous l'avons dit, le fond de la salle. Au devant se trouve une longue table couverte d'un tapis vert, sur laquelle se place la célèbre masse, emblème du pouvoir de l'assemblée nationale, et que Cromwell fit enlever un jour par ses soldats en leur commandant d'emporter ce « brimborion ». A la table sont assis les greffiers en robes noires, coiffés de petites perruques à rouleaux; devant eux sont des paperasses, des ouvrages à consulter, des annuaires et des bibles pour la prestation de serment des nouveaux membres. Cette longue table sépare les deux parties de la chambre. A la droite du speaker se place le parti — soit libéral ou conservateur — qui se trouve être au pouvoir, le premier banc occupé par les ministres ; à sa gauche se range l'opposition, dont les membres les plus influents — les ex-ministres — font face à leurs successeurs. Que demain il y ait un changement de ministère, et chaque groupe ira s'asseoir sur les banquettes naguère occupées par ses adversaires. Il n'y a donc pas de droite et de gauche à poste fixe, comme dans les assemblées continentales.

Chacun parle de sa place et se lève prestement sitôt que l'orateur précédent a terminé son discours. On se tourne vers le speaker, on essaye d'attirer son attention, car, souvent, plusieurs concurrents se lèvent à la fois et il incombe au président de décider qui aura la parole ; ou — pour se servir de l'expression consacrée — « qui lui a tapé dans l'œil (*who has caught his eye*). » Au point de vue anglais, l'absence d'une tribune est un avantage marqué, qui supprime un apparat inutile, met l'orateur plus à l'aise et ne lui suggère pas la nécessité de faire de la rhétorique. Citons à ce sujet, et en passant, l'opinion d'un homme éminent, dont la France s'enorgueillit à juste titre : « C'est ainsi », disait Cuvier, « que dans nos assemblées politiques, à la chambre des députés, par exemple, la forme théâtrale de la salle, cette tribune au centre, sur laquelle il faut monter de huit à dix marches après avoir parcouru l'enceinte, ne permettent plus de faire une réflexion simple, pratique et judicieuse, mais forcent à prononcer un discours, à se guinder à la hauteur de l'appareil, à être déclamatoire et pompeux, au grand préjudice du bon sens et du temps. La funeste rhétorique a là son trépied et donne le diapason aux discussions publiques.

En parlant, on ne s'adresse pas à la chambre, mais au président. On commence : « Mister speaker, » et souvent, dans le courant du discours, on fait revenir le mot : « Sir, » qui sert à donner un instant de répit à l'orateur cherchant une expression.

Les discours ne se lisent pas, tout au plus est-il permis de consulter des notes qu'on tient à la main ; ce sévère règlement fait perdre parfois à la chambre de belles périodes préparées à loisir, mais que de fois elle y gagne par la brièveté forcée de ceux à qui la mémoire fait défaut ! L'épreuve est dure pour les débutants : lord Guildford, fils du célèbre lord North (1), a décrit ainsi ses sensations la première fois

(1) Lord North fut ministre de la couronne sous George III. Quand ses adversaires l'attaquaient à la chambre, souvent il dormait ou feignait de dormir. Un jour, au milieu d'une diatribe violente, un orateur s'écria d'un ton indigné : « Voyez le noble lord, voyez-le qui s'endort au milieu de nos périls. » « Plût à Dieu ! » soupira le ministre. Une autre fois, un certain colonel Barré devait faire une motion sur la marine. « Barré nous donnera, sans doute, un historique de la marine depuis les

qu'il prit la parole : « M'étant levé et ayant reçu la permission de parler, je prononçai quelques phrases ; soudain un voile s'éleva devant mes yeux, je perdis la mémoire et il me sembla que la perruque du speaker prenait des proportions gigantesques, qu'elle s'enflait, s'enflait, s'enflait jusqu'à ce qu'elle couvrît la salle entière ; alors, ne me possédant plus, je tombai épuisé sur mon banc. »

Une fois, un membre commença : « Voilà, monsieur le président, voilà un trait qui caractérise notre système dilatoire... Monsieur, les patriotes athéniens — les Romains, monsieur, les..., monsieur, j'ai perdu le fil de mon discours, je m'assieds, monsieur. » Un autre : « Monsieur le président, je suis étonné, monsieur, je dis étonné, oui, étonné, monsieur, » et il fut si étonné qu'il dut se rasseoir.

On cite un nouvel élu, ancêtre du comte de Shaftesbury actuel, qui, ne se rappelant plus, au moment critique, les puissants arguments qu'il avait préparés, fit servir avec une rare dextérité son manque de mémoire au gain de sa cause. Il s'agissait d'une mesure qui devait permettre aux prévenus, accusés de haute trahison, de se munir d'un avocat, privilège, ou plutôt droit qui, jusqu'alors, leur avait été dénié. Au milieu d'une phrase, l'orateur hésite, puis s'arrête court ; on l'encourage, mais en vain : la chaîne des idées était rompue : « Eh bien ! dit-il, si je me trouve dans l'impossibilité de m'exprimer, moi qui n'ai qu'à donner mon opinion sur ce bill, jugez de la position d'un homme qui, sans le secours d'un avocat, se voit forcé de plaider pour son existence et dont la vie peut dépendre de son éloquence. »

Les Anglais ont en honneur ce talent d'à-propos qui consiste à parler d'abondance et à répondre sans préparation aux discours de leurs adversaires. Lord Palmerston, lord Beaconsfield, diront-ils, n'étaient pas de grands orateurs, mais

temps les plus reculés », dit-il à un ami siégeant sur le même banc, « éveillez-moi quand il approchera de notre époque. » L'ami le réveilla en temps utile. « Où en sommes-nous ? » dit North. « A la bataille de La Hogue, milord. » « Oh ! mon cher ami, » murmura North, « vous m'avez éveillé un siècle trop tôt, » et il se rendormit.

d'admirables « debaters » toujours sur la brèche, prêts à repousser les attaques, pleins de ressources, d'entregent et — pour nous servir d'un idiotisme familier — qu'on ne prenait jamais sans vert. De plus en plus le « debater » l'emporte sur l'orateur, non pas que les belles périodes de M. Gladstone, les péroraisons éloquentes de M. Bright ne soient estimées à leur juste valeur; mais l'art oratoire, la rhétorique, en tant que c'est un art, n'est plus de mise et les phrases ronflantes, les pompeuses images, qui faisaient les délices de nos grands-pères, ne seraient guère écoutées de la génération actuelle. On avait alors parfois recours à des moyens qui frisaient le pathos. Un jour par exemple, en décembre 1792, on discutait l'*Aliens Bill*, mesure préventive contre les étrangers, qu'en ce moment on remet en vigueur à l'égard de l'Irlande. Burke, le grand orateur et l'ennemi acharné de la révolution française, se lève, fait quelques remarques, puis, fouillant dans sa poche, en tire un poignard, le jette à terre au milieu de la stupéfaction générale et s'écrie d'un ton théâtral: « Défendons nos esprits des principes français et nos cœurs de leurs poignards, conservons intacts tous les charmes de la vie et toutes les consolations qui entourent notre lit de mort, gardons le bonheur sur la terre et l'espoir dans l'éternité. » Beau mouvement oratoire, mais le poignard était de trop.

Comme geste exagéré venant à l'appui de la déclamation, on raconte quelque chose de semblable du célèbre avocat Brougham, dont l'éloquence augmentait en proportion de la quantité de vin de Porto dont il était lesté (1). Devenu grand

(1) Lord Brougham était le dernier survivant d'une génération d'hommes d'État buvant raide et qui succédait à une autre génération chez qui le culte de la « dive bouteille » avait été excessif. Vers le commencement de ce siecle, deux membres entraient un soir à la chambre. « C'est curieux », fait l'un d'eux — c'était Charles Fox — « je ne vois pas le speaker. » « Allons-nous-en », répond l'autre — le célèbre Sheridan — « moi, j'en vois deux. » Le lendemain, le distique suivant courait la ville :

« They say we are drunk, Tom, do they say true?
I dont see the speaker ». Says Tom : « I see two. »

Autres temps, autres mœurs. De nos jours, dans les banquets publics la carafe placée à côté du président et qu'il vide en portant les toats de rigueur, ne contient souvent que de l'eau colorée par un morceau de pain rôti et qui simule le vin de Sherry par sa belle couleur dorée.

chancelier et occupant le fauteuil présidentiel de la chambre des lords, il parlait en faveur de la réforme électorale proposée en 1831 et qui avait peu de chances d'être agréée des pairs. Pendant quatre heures, sans une note, il répondit aux discours des tories et termina sa harangue par ces mots : « Par tout ce qui vous est le plus cher, par les liens qui nous unissent à notre pays et à notre ordre, je vous adjure solennellement, je vous supplie, oui, à genoux, je vous implore de ne pas rejeter cette mesure; » et le noble lord, adaptant le geste aux paroles, se jeta à genoux dans l'attitude de la prière. Il paraît — telle fut l'émotion que lui causait son patriotisme, ou le porto — qu'on eut de la peine à le relever et à le remettre sur son siège.

De tous temps, pareilles aberrations ont été rares, et Canning disait déjà, il y a soixante ans : « Dans leurs discours, les membres de la chambre doivent se régler sur le style de la conversation et ne rien laisser percer d'apprêté, d'étudié. Le parlement se réunit pour traiter d'affaires importantes, et les paroles qu'on prononce doivent être en harmonie avec le but que l'assemblée se propose. Que le raisonnement soit le guide constant de l'orateur et si sa parole est ornée, qu'elle le soit sans préméditation apparente. Qu'il soit éloquent s'il le peut, mais qu'il ne tâche pas de l'être. »

Avant de nous occuper de la procédure parlementaire, il nous faut dire quelques mots de la composition de l'assemblée.

La chambre des communes date de la seconde partie du XIIIe siècle. Ce fut sous le règne de Henri III que Simon de Montfort, comte de Leicester invita, au nom du faible monarque qu'il tenait sous les verrous, un certain nombre de cités et de bourgs à envoyer deux bourgeois siéger au parlement à côté des chevaliers, qui, depuis quelques années, représentaient les comtés. Dès 1265, les communes étaient donc constituées des mêmes éléments que de nos jours : chevaliers des comtés — *knights of the shires* — et représentants des villes — *burgesses*. — La noblesse et les élus des comtés et des bourgs siégèrent d'abord ensemble, mais la séparation se fit bientôt; la chambre des lords fut composée des barons par droit de naissance ou créés par le souverain, tandis que l'assemblée élue par les comtés et les corporations prit le nom de communes et se réunit à part. A l'époque de l'union de l'Angleterre et de l'Écosse, en 1707, la chambre anglaise comptait 513 membres; on en ajouta 45 pour l'Écosse et, plus tard, en 1801, 100 pour l'Irlande, ce qui fit un total de 658 membres. Diverses réformes électorales ont modifié la répartition des sièges, mais le nombre des députés est resté le même. L'Angleterre et le pays de Galles n'ont plus que 493 membres, l'Écosse en a 60 et l'Irlande 105. Cependant, en ce moment, les députés en fonctions sont réduits à 638 par suite de délits de corruption. Quatre bourgs, deux en Irlande, deux en Angleterre, représentés par 6 députés, se sont vu enlever le droit électoral, tandis que huit autres villes, ayant ensemble 13 représentants, ont leurs privilèges suspendus; à quoi il faut ajouter la ville de Northampton, qui n'a plus qu'un membre par suite de l'impossibilité où se trouve M. Bradlaugh de siéger. Cependant, dans un délai plus ou moins long, on reviendra au chiffre normal. Si on ne rend pas le droit électoral aux bourgs auxquels on l'a enlevé, les sièges seront alloués à d'autres villes et on ne suspendra pas indéfiniment les endroits actuellement à l'index.

On sait quel profond remaniement eut lieu en 1832 dans la répartition des sièges. A cette époque, la chambre ne représentait plus le pays, comme le dit lord John Russell dans un discours devenu historique. Ce célèbre « speech » dépeint si bien les monstrueuses anomalies électorales de cette époque, qu'on nous pardonnera d'en donner un court extrait :

« Un étranger à qui l'on dirait que ce pays est le plus riche, le plus industrieux du monde, plus éclairé et plus civilisé qu'aucun autre ne l'a jamais été; que c'est un pays fier de sa liberté et qui, tous les sept ans, élit des représentants pour la sauvegarder et la protéger, cet étranger serait curieux de savoir de quelle façon se font les élections et comment la nation choisit les représentants à qui sont confiées des institutions si libérales. — Quel ne serait pas son étonnement si on lui montrait une ruine, et s'il apprenait que cette ruine est représentée à la chambre par deux membres. Si ensuite on le menait devant un mur de pierres et si on lui disait que trois niches pratiquées dans ce mur ont droit à deux autres représentants, et qu'un parc ne contenant aucune habitation a également deux délégués, sans doute, sa surprise serait grande, mais elle augmenterait encore si, visitant de riches et importantes villes, vastes entrepôts manufacturiers, remarquables par leur entreprise, leur industrie, leur intelligence, on l'informait que ces villes n'ont point de représentants. Supposons enfin qu'on le menât à Liverpool, afin qu'il pût juger d'une élection populaire dans un centre renfermant de nombreux commettants, et que là il vît la corruption électorale poussée à ses dernières limites, pratiquée d'une façon si éhontée que les votes s'achètent ouvertement, sa stupéfaction serait extrême et il se demanderait comment une nation dont les députés sont ainsi choisis peut exercer les fonctions de la législation ou être digne de respect. Le pays n'a plus de confiance dans la constitution de la chambre des communes. Il serait plus facile de transférer les manufactures florissantes de Leeds et de Manchester à Galton et à Old Sarum (1) que de rétablir la confiance et la sympathie entre cette assemblée et ceux qu'elle appelle ses constituants. Si donc, c'est une question de droit, le droit est du côté de la réforme, si c'est une question de sens commun, le sens commun est du côté de la réforme, si

(1) Deux célèbres bourgs « pourris ». Quand régnaient les Plantagenets, Old Sarum était une ville florissante du Wiltshire ; mais déjà du temps de l'antiquaire Leland (1530), on ne voyait plus une maison debout. Cet endroit devenu désert, où gisaient des pans de murs jetés à terre, continua pendant trois siècles à être représenté au parlement par deux membres !

c'est une question de bonne politique et d'à-propos, la bonne politique et l'à-propos sont du côté de la réforme. »

De pareilles raisons devaient prévaloir; le pays exigeait une représentation nationale, et il l'eut, malgré la couronne, malgré la chambre des lords. Maintenant, après une cinquantaine d'années, en voyant la médiocrité de maints élus des grandes villes, la plutocratie accaparant tant de sièges et la corruption électorale si vivace, en dépit de sévères lois de répression, on se demande s'il n'y avait pas un fond de vérité dans l'opposition des vieux tories, si les réformes électorales ont bien donné tout ce qu'on espérait d'elles et si le rapprochement vers le suffrage universel est bien le moyen le plus efficace de placer, comme disent les Anglais, l'homme qu'il faut dans le milieu qui lui convient, *the right man in the right place* (1).

Le speaker des communes est ainsi nommé parce qu'il est la voix de la chambre, qu'il est chargé de prendre la parole dans les occasions solennelles et, le cas échéant, de défendre ses privilèges et ses droits. Il habite une somp-

(1) Quelques chiffres pour terminer ce que nous venons de dire sur la composition de la chambre. On sait que les députés ne sont pas rétribués et qu'il ne leur est rien alloué comme compensation de dépens; le budget de la chambre s'élève néanmoins à une somme assez forte : 1,265,000 francs. Voici comment ce crédit est réparti :

Le président, « speaker »	125,000	francs.
Le vice-président, deputy-speaker	62,500	—
Le greffier en chef, « clerk of the house »	50,000	—
Deux autres greffiers	68,750	—
Autres employés	387,625	—
Le sergent d'armes	30,000	—
Deux aides du sergent	32,500	—
Le chapelain du speaker	10,000	—
Le secrétaire du président	12,500	—
Conseillers au parlement	95,000	—
Bibliothécaire	25,000	—
Autres fonctionnaires	49,625	—
	948,500	francs.

Ce qui reste, à peu près 300,000 francs, est absorbé par les menus frais.

tueuse résidence faisant partie du palais législatif, il a ses levers comme la reine, et invite les membres à tour de rôle à de splendides banquets où l'on ne paraît qu'en costume de cour. Dans l'exercice de ses fonctions, il porte la culotte courte, est revêtu d'une robe noire et sa tête est surmontée d'une prodigieuse perruque à ailes immenses, lui tombant jusqu'à la ceinture. Comme contraste à cet accoutrement suranné, les députés sont en costume négligé et ont la plupart le chapeau sur la tête. On se découvre pour parler. Cependant, parmi les coutumes les plus singulières de la chambre, il en est une qui prescrit qu'après que le speaker a déclaré que la discussion est close et que l'on va passer au vote, tout membre ayant une remarque à faire doit parler assis et coiffé. Cela donna lieu, l'an dernier, à un incident risible. M. Gladstone est un des rares membres qui laissent leurs chapeaux au vestiaire. Il avait une rectification à faire, quelques mots à dire, avant de voter, mais pas de chapeau : « Coiffez-vous, coiffez-vous ! » criait l'opposition ; l'illustre homme d'État saisit la première coiffure qu'il trouva sous la main, celle d'un autre ministre auquel la nature avait refusé le front large et imposant de son chef. Il s'ensuivit que le chapeau posé sur le crâne développé du grand homme n'y tenait pas et menaçait de tomber à chaque parole. Le lendemain, une feuille illustrée publiait un portrait du premier ministre coiffé d'un couvre-chef microscopique et le balançant avec grâce.

Chaque nouveau parlement choisit son speaker, qui continue de droit à remplir ses fonctions tant que dure la chambre qui l'a élu. En pratique, on renomme toujours le titulaire sortant. Il s'ensuit qu'on reste speaker sa vie durant ou jusqu'à ce que, usé par les fatigues et les veilles, on prenne ses invalides en passant à la chambre haute, pour y jouir, sur des bancs à moitié déserts, d'un repos bien mérité.

Le speaker est entouré d'un profond respect ; les plus intraitables, à part quelques Irlandais, l'abordent avec soumission, et on pousse le cérémonial jusqu'à le saluer chaque fois qu'on sort de la chambre. Son autorité fait loi, pendant longtemps elle fut toute morale et son pouvoir disciplinaire des plus faibles. Il n'avait, en effet, d'autre ressource pour punir une infraction au règlement ou à la bienséance que de désigner le coupable par son nom, au lieu de lui donner la désignation habituelle de « l'honorable membre siégeant pour tel ou tel endroit ». Chose singulière, la menace suffisait presque toujours et y donner suite était si rare qu'un certain speaker, à qui un curieux demandait ce qui adviendrait si on en arrivait à désigner ainsi nominativement un membre, répondit naïvement : « Dieu seul le sait. » Tout cela est changé, grâce aux membres du parti du *home rule*, qui se sont laissé désigner de leurs noms patronymiques avec une si parfaite indifférence, que le speaker s'est trouvé a quia. Maintenant, en vertu d'un nouveau règlement, aussitôt un membre nommé, un ministre ou autre membre influent se lève et demande à la chambre de l'exclure pour le restant de la séance. Les réfractaires, ceux qui ont été nommés plus d'une fois pendant la session, sont passibles de peines plus sévères; exclusion pendant une semaine, un mois même. Voici, du reste, une petite scène qui eut lieu à l'une des séances et qui fera comprendre comment les choses se passent quand on contrevient au règlement :

M. Redmond (membre irlandais, appartenant au parti du *home rule*) attaque le ministre chargé des affaires irlandaises et dit : « Si le très honorable gentleman avait été un politicien honnête, ou même un honnête homme, il aurait pris... (Cris de : *Oh! oh!* et de : *Retirez l'expression !*).

M. Goschen. Je me lève, monsieur, pour un rappel à l'ordre. Je voudrais savoir si l'honorable membre est dans son droit en disant : « Si le très honorable gentleman avait été un politicien honnête, ou même un honnête homme, il aurait fait telle ou telle chose. » (*Approbation.*)

Le Speaker. L'honorable membre qui représente New-Ross sait que de pareilles expressions ne sont nullement parlementaires. Je dois donc lui demander de les retirer. (*Vive approbation.*)

M. Redmond. Je regrette que les règlements de la chambre m'empêchent de dire la vérité. (*Oh! oh!* et cris de : *Nommez-le!*)

Le Speaker. L'honorable membre n'a pas retiré l'expression.

M. Redmond. Je me lève, monsieur, pour retirer l'expression, mais je regrette que les règlements du parlement m'empêchent de m'en servir. (*Oh! oh!* et cris répétés de : *Nommez-le!*)

Le Speaker. Je suis d'opinion que la conduite de l'honorable membre est blessante envers la chambre (*approbation*), est spécialement blessante envers le très honorable gentleman auquel il a fait allusion. Je suis donc obligé de nommer l'honorable membre pour avoir méconnu l'autorité du président (*the authority of the chair*).

Le marquis de Hartington, secrétaire d'État. Comme conséquence de votre opinion, monsieur, je propose que M. Redmond soit suspendu de ses fonctions pendant le restant de la séance.

Sur ce, la chambre vota : 207 voix contre 12, décidèrent que la punition serait infligée et, sur l'invitation du speaker, M. Redmond sortit de l'enceinte. On voit que ce n'est pas le speaker, mais la chambre qui décide s'il y a lieu de sévir.

La sonnette [illegible]dentielle, qui joue un rôle si éclatant aux séances de certains parlements continentaux, brille à Westminster par son absence, et le moyen suprême dont use parfois le président des chambres françaises et du reichstag d'étouffer le tumulte en suspendant ou même en levant la séance, ne peut se pratiquer en Angleterre, la motion d'ajournement devant être posée et appuyée par deux membres et adoptée par la chambre elle-même. Il arriva une fois que, l'ordre du jour épuisé, les représentants, réduits à un fort petit nombre, s'en allèrent en négligeant de voter l'ajournement. Le dernier était déjà parti, quand le speaker Denison s'aperçut qu'on avait oublié la formalité indispensable. Esclave du devoir, il resta cloué à son fauteuil, tandis qu'on envoyait de tous côtés à la recherche des députés, qui, épuisés par une longue séance de nuit, s'acheminaient vers leurs domiciles. On en rattrapa deux qui revinrent voter la libération du captif.

Depuis longtemps, la chambre comprend qu'en respectant et honorant son chef, elle se respecte et s'honore elle-même; mais il n'en fut pas toujours de même. Avant l'ère révolutionnaire de 1640-1649, celui qui occupait le fauteuil était considéré par les élus de la nation comme leur ennemi, comme un espion du pouvoir royal, partisan servile d'un Tudor ou d'un Stuart. De cette époque datent les statuts qui donnent à l'assemblée l'initiative et refusent tout pouvoir disciplinaire au speaker. Nous en verrons plus loin la preuve en parlant des privilèges que s'est arrogés le parlement et d'ordonnances où règne la méfiance des intrigues et des empiétements de la couronne. Dans les journaux de la chambre sont enregistrés de nombreux incidents mettant en relief l'antagonisme qui existait entre la chambre et le speaker et le peu d'estime qu'on lui octroyait. Voici, par exemple, ce qu'on trouve dans un compte rendu de séance en 1610 : « Le speaker affirme que sir E. Hubert, au lieu de le saluer, lui a tiré la langue et a fait claquer ses doigts sur sa bouche en signe de mépris. » Plus loin, on lit que M. T. T., se trouvant près du siège occupé par le speaker, « lui a, contrairement aux usages du parlement, crié « Baou » dans l'oreille et cela d'une façon si violente, d'un ton si élevé, que grande fut la terreur du speaker et de la chambre. »

Après la restauration de Charles II, on trouve encore dans les annales des preuves d'antagonisme. Le speaker n'épargnait pas ses semonces et la chambre ne se gênait pas pour le narguer, se plaindre de sa partialité, critiquer ses décisions et le rappeler lui-même à l'ordre. Plusieurs speakers furent soupçonnés de corruption, et on arriva au comble de l'ignominie quand un certain sir John Trevor, en vertu de son office, eut à lire une proposition déclarant que lui, le speaker, était coupable de concussion en recevant 1,000 guinées de la municipalité de Londres, afin de favoriser l'adoption d'une certaine mesure. Il est difficile d'imaginer une position plus humiliante que d'avoir à mettre pareille motion aux voix, si ce n'est cependant de l'entendre adopter à l'unanimité; ce qui arriva. Ceci se passait en 1695. A partir de cette date on peut signaler une réforme dans les mœurs parlementaires et de meilleurs sentiments entre l'assemblée et celui qui la préside.

Outre une connaissance approfondie des précédents qui régissent l'assemblée, outre la dignité du maintien et une inépuisable patience, le speaker doit posséder une santé qui lui permette de supporter de rudes épreuves. La chambre siège rarement le samedi, bien que cela ait lieu vers la fin des sessions, quand d'urgentes mesures sont en retard; les mercredis, elle ne siège que de midi à six heures, mais les quatre autres jours de la semaine, la séance dure depuis quatre heures de l'après-midi jusqu'à deux, et même trois heures du matin. Bien des membres ont des affaires qui les retiennent pendant le jour; les séances de nuit sont donc indispensables, mais c'est pousser les veilles à l'excès que de faire siéger le speaker chaque session pendant cent cinquante heures en moyenne après l'heure de minuit. Depuis quelques années, on nomme un vice-président. (En 1741, faute d'un remplaçant, M. Onslow resta dix-sept heures à son poste.) Mais il a fallu, pour décider la chambre à adopter cette innovation, que des séances durassent jusqu'à dix heures du matin. Franchement, il était temps.

Passons maintenant aux statuts qui régissent la chambre et aux us et coutumes qui modifient ces statuts; mais que le lecteur ne s'effraye pas trop de cette perspective. Il ne sera fait mention que des ordonnances qui se distinguent par leur singularité, des coutumes qui rappellent des formes anciennes et bizarres.

En théorie, un bill passe par cinq ou six épreuves avant d'être finalement agréé de la chambre; en pratique, ces épreuves sont généralement réduites à trois. Une vingtaine de membres, faisant cause commune, peuvent cependant arrêter un projet de loi à chacune des épreuves et causer de grands délais. La première démarche consiste à donner connaissance de la proposition à l'assemblée et à obtenir son assentiment à ce qu'elle soit « lue » une première fois. Cela donne souvent lieu à un débat, et parfois l'assentiment est refusé; mais supposons que le vote soit favorable : à quelques jours de là, on passera à la seconde lecture, la première n'étant que pour la forme. C'est ici que s'engage la bataille, soit sur un amendement proposé par l'opposition et qui vise le principe même du bill, ou bien sur la proposition d'ajourner la lecture. On ne demande pas le rejet pur et simple; au point de vue anglais, ce ne serait pas courtois; le biais qu'on adopte consiste à demander que le bill soit lu dans six mois, c'est-à-dire ajourné aux calendes grecques. Si, après un débat plus ou moins long, la majorité se déclare en faveur de la seconde lecture, le député — ministre ou autre — chargé de faire agréer la mesure, propose de fixer un jour pour la discussion des articles, et le jour choisi est toujours assez éloigné pour donner le temps d'étudier la mesure et de préparer des amendements. Au jour dit, le speaker pose la question : *That I do now leave the chair* (que je quitte le fauteuil). Si la réponse de la chambre est affirmative, il se retire et le président des comités (*chairman of ways and means*) remplit ses fonctions, mais non pas son siège qui est sacré et ne doit servir qu'à son auguste personne. Le nouveau président prend modestement la place du premier greffier et la chambre se transforme en comité; mais puisque tous les membres délibèrent et votent, pourquoi l'assemblée s'intitule-t-elle comité, et surtout pourquoi ce changement de président et de chaise (1)! C'est qu'au temps jadis, on trouvait fort commode, et même fort nécessaire, de se débarrasser du speaker. Presque toujours — nous l'avons déjà dit — c'était un émissaire, un espion du pouvoir royal, et les « fidèles » communes, afin d'avoir leur franc-parler, le priaient plus ou moins poliment de se retirer ; puis on fermait la porte à clé.

Quand les articles ont été discutés, les amendements adoptés ou rejetés, on fait chercher le speaker, et le comité fait son rapport à la chambre ; cela revient à dire : Nous avons l'honneur de *nous* proposer d'adopter notre rapport. Cependant, ce rapport donne parfois lieu à un nouveau débat, à de nouveaux amendements ; puis arrive le dernier obstacle à franchir ; le speaker pose la question : « Que la motion soit maintenant adoptée » (*that the bill do non pass*) ; c'est la troisième lecture ; on vote et il ne reste plus qu'à l'envoyer à la chambre des lords.

Il va sans dire que tous ces obstacles sont bien longs à franchir, que certains pauvres bills se trouvent arrêtés des mois en route, et que plus d'un ne peut fournir sa course avant la fin de la session.

Cependant le parlement est capable d'un tour de force, quand il s'agit d'une mesure de sûreté publique. Le 5 avril 1883, la police de Londres arrêtait des individus formant partie d'une bande qui depuis quelques années effrayaient et effrayent encore les habitants de la métropole par des explosions de dynamite. Le ministère fut d'avis que les lois existantes étaient impuissantes pour atteindre les misérables coupables de ce nouveau genre de crime, et le 9 avril, quatre jours après les arrestations, une mesure fut présentée aux communes au moyen de laquelle on pouvait les punir des travaux forcés. Dans l'espace de 90 minutes, le bill fut lu les deux premières fois de rigueur, passa l'épreuve de la discussion des

(1) Il y a forcément d'autres comités. composés d'un nombre restreint de membres et s'occupant de travaux spéciaux. On les nomme, pour les distinguer, « special committees. »

articles, fut lu la troisième fois et envoyé aux lords. La chambre héréditaire montra la même énergie et avant minuit il ne restait plus à obtenir que l'assentiment de la couronne. A midi, le lendemain, les deux chambres se réunirent pour que cette formalité pût être remplie et le code se trouva enrichi d'un article de plus.

L'initiative d'un projet de loi, d'une proposition ou d'un amendement à une motion du gouvernement appartient de droit à tout membre du parlement, pourvu que projet, proposition ou amendement n'entraînent pas un accroissement du budget, un surcroît d'impôts ou un crédit supplémentaire. On peut proposer la diminution, jamais l'augmentation d'un crédit. Aux seuls ministres de la couronne sont réservées la tâche et la responsabilité de soumettre à la chambre les questions du fisc et d'employer les deniers de l'État ; le règlement salutaire qui refuse ce privilège aux représentants met un frein à cette prodigalité irréfléchie, à cette démangeaison de grossir le budget qui sont les conséquences naturelles du défaut de responsabilité directe.

A la chambre des communes, la façon de recueillir les votes est originale. Le speaker commence par poser la question sur laquelle il s'agit de voter, et il ajoute : « Que ceux qui favorisent le bill ou l'amendement disent « oui » ; puis vient la contre-épreuve des « non » ; après quoi le président émet son opinion sur l'avis qui l'emporte. Mais presque toujours il se trouve un membre — il suffit d'un seul — qui déclare qu'il est d'une opinion différente, et cela même quand le doute n'est pas possible. La minorité réclame, d'abord parce que tout vote pris par acclamation est inscrit dans le procès-verbal comme étant unanime et, ensuite, afin que le vote des membres soit enregistré. On demande donc un scrutin par division. Alors le speaker donne l'ordre de faire évacuer les tribunes, et simultanément on met en branle une sonnerie électrique qui carillonne pendant l'espace de trois minutes dans toutes les dépendances du palais législatif. Les membres s'empressent d'accourir, car, les trois minutes passées, les portes de la chambre sont fermées à clé ; on ne peut plus entrer, mais, par contre, ceux qui se trouvent dans l'enceinte sont tenus de voter. Cela fait, les huissiers ouvrent les portes de deux corridors longeant les côtés de la salle. Les « oui » et les « non » se séparent et s'entassent dans ces couloirs, où les greffiers les inscrivent. Ensuite, on rouvre les portes ; près de chacune se tiennent deux membres nommés par le speaker et appelés « tellers » qui ont mission de compter les députés à mesure qu'ils défilent devant eux. Quand il ne reste plus personne dans les couloirs, les quatre « tellers » se réunissent, comparent leurs listes et s'avancent en ligne vers le speaker, qu'ils saluent profondément. C'est à un des « tellers » de la majorité qu'incombe la tâche d'annoncer le résultat du scrutin et, quand la question en suspens est d'un intérêt majeur, s'il s'agit surtout d'un vote de confiance, le côté qui voit entre les mains de son scrutateur le document qui lui révèle la victoire salue le résultat par de triples hourras, avant même qu'on l'ait annoncé de vive voix. Cette façon de voter, quand l'assemblée est nombreuse, occupe une vingtaine de minutes, et le va-et-vient entraîne un dérangement, voire une fatigue, qu'on éviterait par un procédé plus simple ; mais l'antique coutume rend les erreurs et les supercheries impossibles et la chambre estime que cet avantage prime les inconvénients.

Dans les annales parlementaires, il est fait mention de plusieurs cas où les voix se sont égalisées de part et d'autre. Dans ce cas, la voix du speaker est prépondérante et, depuis bien des années, il est d'usage, quelles que soient les opinions politiques du président, que cette voix soit donnée de façon à permettre à la chambre de revenir, si cela se peut, sur la question en suspens.

Il faut, dans toutes les assemblées délibérantes, qu'un certain nombre de membres soient présents pour continuer la séance. En Angleterre, le nombre est fixé à quarante, mais on pourrait n'être que trois, peut-être même deux — l'orateur et le speaker — que la séance ne serait pas levée si on ne réclamait pas. Le speaker est censé ne rien voir et ne peut rien dire ; mais faites une remarque, n'importe laquelle, sur le nombre de membres occupant les bancs, et il arrête la discussion (1). Il arriva même en certaine occasion qu'un représentant s'imposa à lui-même le silence par une malencontreuse observation. Comme une vingtaine de membres composaient son auditoire, il fit une allusion ironique aux bancs bien garnis de la chambre. Fatale plaisanterie ! Le speaker saisit la belle occasion qu'on lui offrait d'abréger sa tâche, et arrêta court l'orateur ; puis, après le délai de rigueur, l'auditoire fut compté et la séance levée (2). Le délai de rigueur est de deux minutes, c'est une concession accordée à ceux des membres qui se trouvent à la bibliothèque, au fumoir, à la buvette. Les sonnettes les avertissent et ils reviennent prendre leurs places pour les quitter à nouveau, le vote terminé. Certains soirs, surtout au moment du dîner, ce manège se renouvelle plusieurs fois, mais tout le monde y trouve son compte : l'orateur se console de son auditoire clairsemé par la présence des sténographes, et ses collègues non seulement échappent à une harangue prolixe, mais encore peuvent dîner, fumer ou faire leur courrier tout à leur aise ; seul, le speaker « se plaint de sa grandeur, qui l'attache... » au fauteuil.

Le parlement anglais est fier à juste titre du respect qu'il

(1) Afin d'être bien exact, ajoutons que si en allant au scrutin il se trouve que moins de 40 membres ont voté, la séance est levée, quand même personne ne réclamerait. C'est ce qui est arrivé pendant la dernière session. On avait voté huit clauses d'un bill ; à la neuvième, 26 membres seulement prirent part au scrutin, ce qui amena l'ajournement forcé.

(2) Dernièrement, un membre de l'extrême gauche, M. Callau, parlant longuement contre une mesure, s'interrompit pour faire compter la chambre. Il quitta lui-même la salle, espérant que le nombre voulu pour permettre à la discussion de continuer et au bill de passer ne se trouverait pas ; mais on accourut de toutes parts et les quarante membres furent déclarés présents. Alors M. Callau voulut continuer son discours, mais, au grand soulagement de ses auditeurs, le speaker lui déclara qu'en quittant sa place il avait perdu son droit à la parole.

témoigne aux minorités et des droits qu'il reconnaît à ses membres. Sans doute, cela tient en majeure partie à l'esprit équitable et aux qualités de pondération qui distinguent le caractère anglais, mais le jeu de bascule incessant qui a lieu entre les deux partis whig et tory y est aussi pour quelque chose. Entamer les droits de la minorité, ne serait-ce pas poser des précédents fâcheux à courte échéance et, pour un avantage éphémère, se préparer des mécomptes dans un avenir prochain? Ne tarderait-on pas à pâtir soi-même des entraves imposées à ses adversaires? Il a fallu, de la part de certains membres qui s'intitulent le troisième parti, une opposition factieuse et l'abus de privilèges qu'on peut qualifier d'excessifs, pour forcer la main à M. Gladstone et décider la chambre à réglementer la liberté de la parole. Maintenant la clôture de la discussion dans certaines conditions est finalement adoptée et on ne verra plus une infime minorité se servir d'une tactique qui lui permettait d'imposer l'ajournement. Voici comment elle s'y prenait.

Bien qu'un membre ne puisse prendre la parole plus d'une fois pendant les délibérations sur l'ensemble d'un projet de loi et sous la présidence du speaker, il lui est permis de parler tant et aussi souvent qu'il le veut durant la discussion des articles en comité. Cependant, si la minorité est peu nombreuse, un moment arrive où la fatigue tarit le flot de paroles. Alors deux opposants se lèvent, demandent l'ajournement, et il faut bien le mettre aux voix; peu importe qu'une majorité imposante vote contre; vite deux autres opposants proposent la même motion, on revote avec le même résultat, et ainsi de suite jusqu'à ce que, de guerre lasse, la majorité se rende. Pas toujours cependant. Au courant des sessions 1881-82, on s'est révolté, et la victoire est restée aux gros bataillons, qui employèrent une contre-tactique et vainquirent par le nombre. Les mêmes membres ne pouvant demander deux fois l'ajournement, on attendit que les quarante ou cinquante factieux du parti du *home rule* se fussent produits à tour de rôle ; de plus, on les laissa pérorer jusqu'à ce que le souffle leur manquât, et enfin, après une lutte homérique pendant laquelle la majorité s'était constamment relayée, le groupe réfractaire, épuisé par le manque de sommeil, tombant de fatigue, dut céder. La séance du 1er juillet 1882, quand il s'agissait de passer à la troisième lecture du bill de coercition pour l'Irlande, a duré du vendredi à deux heures de l'après-midi jusqu'au lendemain à huit heures du soir : 30 heures. Le 25 janvier 1881, la chambre siégea 22 heures et le 31 du même mois, plus de 41 heures. Ce moyen d'écrasement est, on le voit, purement physique, il est indigne d'une grave assemblée et la chambre paraît en avoir eu conscience, puisqu'elle s'est résignée, bien à contre-cœur, à entamer ses chers privilèges et à réformer son antique ordonnance.

En novembre 1882, elle s'est réunie en session extraordinaire dans le but spécial de reviser quelques-uns de ses règlements, de renforcer le pouvoir de la majorité et notamment d'introduire le droit de clôture.

M. Gladstone avait préparé douze articles coercitifs et en les présentant, il avoua franchement qu'ils étaient de nature à produire une modification profonde aux traditions parlementaires du pays. Il ajouta que cette modification était devenue de toute nécessité puisqu'on abusait de l'antique liberté ; ce fut aussi l'opinion de la chambre et les articles passèrent à une forte majorité.

La plus importante innovation fut le système de la clôture; voici les termes du règlement finalement adopté : « Que le speaker ou le président des comités, pendant un débat et alors qu'il lui paraîtra que le sujet a été suffisamment discuté et que c'est le désir évident de la chambre que la discussion soit close, aura le droit d'émettre son opinion à cet égard et s'il s'ensuit une motion à cet effet et que la motion soit adoptée, alors on procédera immédiatement au vote sur la question devant la chambre : pourvu néanmoins que la clôture du débat ait été votée par plus de 200 membres, ou à moins qu'elle ait été opposée par moins de 40 membres et soutenue par plus de 100 membres. »

On espère que le speaker, armé de cette massue et soutenu de la chambre, pourra à l'avenir empêcher les séances de 30 à 40 heures. Mais ce n'est pas là la seule arme mise à sa disposition. Il aura le droit d'interrompre quiconque sortira de la question ou se répétera jusqu'à satiété, et de lui retirer la parole. Quand on réclamera l'ajournement d'un débat, le speaker ou le président des comités, pourra exiger que ceux qui font la demande se lèvent et si, dans une assemblée de 40 membres ou plus, il ne s'en trouve que 20 appuyant l'ajournement, il le déclarera non voté. La même règle s'appliquera aux amendements qui n'ont aucune chance d'être adoptés et qui sont proposés dans le but évident de lasser la chambre. Dans ces deux cas le scrutin de division n'aura donc pas lieu et l'on épargnera un temps précieux.

Si la minorité comme groupe voit amoindrir ses moyens d'opposition, ou plutôt de harcèlement, les membres de la chambre individuellement continuent à jouir d'un privilège dont ils abusent. Celui d'interroger le gouvernement. A la seule condition d'inscrire les questions d'avance, et d'en avertir les ministres qu'on veut mettre sur la sellette, on peut les interpeller tous, à tour de rôle, sur n'importe quel sujet, pourvu qu'il soit de leur ressort. Cela s'appelle l'heure des interrogatoires et ce n'est pas la moins dure à passer pour les détenteurs du pouvoir. On se sert de ce droit avec tant de persévérance et de zèle, que M. Palgrave nous apprend qu'en 1877, 1,343 questions furent posées, et chaque année le nombre augmente.

Un autre privilège dont on a dû entraver l'usage immodéré est celui de réclamer la parole après l'heure des interrogatoires et avant l'ordre du jour, en annonçant qu'on terminera son discours en proposant une motion. Cette motion, qui est l'ajournement, servait à tout usage: au développement d'une question posée, à une attaque contre le gouvernement ou contre un autre membre, à une explication personnelle; souvent d'autres membres s'en mêlaient, on perdait une heure ou deux, puis celui qui avait proposé l'ajournement retirait sa motion et la chambre passait à l'ordre du jour. Ce droit est trop important pour qu'on l'abolisse, mais tandis que naguère le membre qui désirait s'en servir n'avait qu'à trouver un collègue pour opposer sa motion, il faut maintenant, qu'à la demande du speaker, « au moins 40 membres témoignent en se levant qu'ils désirent entendre l'orateur qui veut les entretenir d'un sujet d'une importance majeure pour la nation. »

Voici un autre singulier privilège qu'on a annulé depuis quelques années : Tout membre avait le droit, quand bon lui semblait, de faire évacuer les tribunes, y compris celle des sténographes. Il suffisait d'appeler l'attention du speaker sur la présence de personnes étrangères dans la salle (1).

Maintenant, pour mettre ce droit en vigueur, on doit obtenir l'adhésion de la majorité de la chambre.

Jusqu'à la fin du siècle dernier, « la haute cour du parlement » refusa l'entrée de la chambre aux sténographes; ce fut longtemps une guerre acharnée entre les communes et les reporters, qui se cachaient dans des coins obscurs, se blottissaient derrière le piédestal de l'horloge, écrivaient au fond de leurs chapeaux et avaient à déguerpir sitôt découverts; puis il s'ensuivait des amendes, des emprisonnements pour atteinte aux privilèges de la chambre. Chaque matin, les journaux répétaient tant bien que mal les discours prononcés la veille et cela à l'aide des on-dit recueillis dans les cafés, étendus par l'imagination du nouvelliste. Un jour, alors que le Dr Johnson était arrivé à l'apogée de sa gloire littéraire, on s'extasiait devant lui à propos d'un discours parlementaire reproduit dans la presse : « C'est moi, dit-il,

(1) On disait simplement : « M[r] speaker I see stangers in the House. »

qui, dans une mansarde, ai composé ce discours. » Bien changés sont les temps ! Sténographier un discours est, comme auparavant, une violation des privilèges de la chambre, mais les membres, loin d'empêcher qu'on imprime leur faconde, se plaignent de ce qu'on abrège leurs plus belles périodes.

Le système de reportage, si perfectionné qu'il puisse être, ne sera jamais à la hauteur des exigences des orateurs ; cependant, le *Times* réussit à donner à ses lecteurs, dès sept heures du matin, des discours prononcés à deux ou trois heures après minuit. La tribune des journalistes est placée au-dessus du fauteuil présidentiel. Des cloisons la séparent en petites cellules et dans chacune de ces cellules se niche un sténographe. Ils écrivent jusqu'à cent mots par minute. Si rude est la besogne qu'il faut les remplacer tous les quarts d'heure, mais le travailleur qui se retire ne reste pas inactif : dans une grande salle consacrée à cet usage, il convertit les symboles de son art en langue ordinaire et, toutes les dix minutes, des exprès emportent la « copie » au bureau du journal, où elle est livrée aux typographes. Le service est si bien organisé, la chaîne de communications entre la galerie des reporters et la presse d'imprimerie est si continue que souvent le commencement d'un discours est déjà en forme avant que l'orateur soit arrivé à sa péroraison (1).

Puisque nous nous occupons du public admis aux séances, signalons un fait qui n'est pas pour rehausser la réputation de galanterie des honorables membres. Les dames ne sont pas admises aux tribunes. On les parque à part dans une loge petite, incommode et grillée. Cette tribune, surnommée la cage, est censée ne pas être dans la salle des délibérations. On y voit mal — et, condition encore plus fâcheuse pour les mondaines qui s'y entassent à certains moments — on ne

(1) Le même fait se reproduit en Belgique, dans l'édition de l'INDÉPENDANCE BELGE qui paraît vers 4 heures de l'après-midi. Ici, c'est le téléphone qui est mis en jeu.

peut y être vu. Il nous faut ajouter, à la décharge des élus de la nation, qu'ils représentent ce règlement comme un hommage à la puissance du sexe enchanteur. Ils disent que c'est pour n'être pas distrait par de beaux yeux, dans l'expédition des affaires publiques, qu'ils ont établi ce grillage. C'est flatteur, mais point consolant, et les dames se plaignent.

Un membre des communes n'a pas le droit d'être démissionnaire. A moins d'accepter de la couronne un poste honorifique ou rétribué, il continue à faire partie de la chambre quand même une maladie grave le mettrait dans l'impossibilité de remplir ses fonctions. S'il devient fonctionnaire, il est tenu de solliciter à nouveau les suffrages de ses commettants, et il est arrivé qu'un ministre d'État, échouant auprès de ses électeurs, n'a trouvé de siège que grâce au dévouement d'un partisan qui lui a cédé le sien. Mais comment, puisqu'on ne peut donner sa démission ? Il existe un moyen de tout concilier. On tient à la disposition du membre désireux de se démettre de ses fonctions législatives une sinécure ne servant qu'à cet usage. Au moyen âge, une forêt couvrait les Chiltern Hills, dans le centre de l'Angleterre, et servait de repaire à de nombreux bandits qui désolaient les « centuries » adjacentes. Pour mettre fin au brigandage, un fonctionnaire spécial fut nommé qui prit le titre de « steward » — sénéchal — des « Chiltern Hundreds (1). » Forêt et bandits ont disparu, mais l'emploi existe toujours, ainsi que les appointements — 25 francs par an. Voilà le poste qu'on sollicite et qui est rarement refusé. On cesse alors d'être député et il n'y a pas eu infraction au statut.

Autre particularité qui distingue la chambre des communes. Comme dans la plupart des pays constitutionnels, les élections donnent lieu à de nombreuses pétitions signalant les fraudes, les infractions à la loi et surtout les corruptions

(1) Le Hundred était une division du territoire qu'on peut rendre par centurie. De fait, elle n'existe plus.

pratiquées par le parti victorieux, et demandant l'annulation de l'élection.

Nous savons à quel point, parmi les assemblées continentales, l'impartialité la plus complète règne dans les rapports des comités chargés d'examiner les méfaits mis à la charge des nouveaux élus. Cependant les Anglais, se méfiant des passions humaines, ont trouvé prudent de s'épargner ces épreuves. Des commissions spéciales choisies parmi les juges des tribunaux examinent les dossiers et vérifient les pouvoirs des élus. Quand même on jugerait la précaution futile, il est de fait qu'en adoptant ce système, la chambre économise un temps précieux.

Dans le parlement anglais, grande est la fidélité au parti, parfaite la discipline qui règne dans les rangs. Cela est dû en grande partie aux soins incessants de cinq gentlemen connus sous le nom de « whips », par allusion à leurs fonctions; trois d'entre eux agissent pour le parti ministériel, deux pour l'opposition. De même que les piqueurs rassemblent leur meute, l'empêchent de se dévoyer, de suivre une fausse piste, de même les « whips » de la chambre des communes réunissent leurs partisans, les font voter en masse compacte, les protègent des manœuvres de l'ennemi. Arranger l'ordre d'après lequel les orateurs parleront, empêcher les adversaires de faire avorter ou ajourner une mesure, faute d'être en nombre, ou d'enlever un vote par une majorité de rencontre; trouver pour celui qui veut s'absenter un membre désireux de faire de même dans le camp opposé et prendre des arrangements pour qu'ils s'abstiennent mutuellement pendant un temps convenu, quelques heures, une semaine, toute la session même (1), ce sont là les plus simples devoirs des « whips ». Il leur échoit d'autres fonctions plus laborieuses et surtout plus délicates : décider les indécis, lever les hésitations des scrupuleux, faire taire les opinions indivi-

(1) Cette coutume spécialement anglaise se nomme « pairing », s'entendre à deux pour s'abstenir de ses devoirs de représentant.

duelles, plier les velléités d'indépendance, rompre les insoumis aux exigences des chefs; il leur faut flatter, cajoler, convaincre, au besoin menacer, faire preuve de zèle, encore plus de tact, être habiles, affables, populaires, doubler le diplomate de l'homme du monde. Il est moins difficile de mettre la main sur un ministre d'État que de trouver un bon « whip ». Quand on vota le règlement sur la clôture, le ministère remporta une victoire due sans aucun doute au savoir-faire de ses « whips ». Il est notoire que les deux premières clauses, contraires à tous les précédents de la chambre, répugnaient à bien des membres de la majorité. On craignit un moment que M. Gladstone ne fût battu, tout au plus espérait-on une faible majorité. Eh bien, le ministère s'est vu soutenu, à la surprise du pays, par plus de 50 voix. Les « whips » avaient bien travaillé (1).

Impossible d'esquisser la chambre des communes sans parler du sergent d'armes, fonctionnaire qu'on voit pendant les séances vêtu d'un habit noir à la française et l'épée au côté. Le détenteur de ce poste important est chargé de faire respecter les privilèges des représentants de la nation, d'exclure de la salle les membres réfractaires et de veiller à ce qu'ils subissent les peines dont l'assemblée les frappe. Pour tout ce qui touche à ses privilèges, la chambre se montre fort chatouilleuse et son pouvoir se fait sentir d'une façon très réelle. Non seulement elle a pris des garanties contre les empiétements de la royauté et les prétentions de la chambre haute, mais elle s'est encore accordé la faculté de sévir contre tout individu qui lui manquerait de respect. Et quelle large marge elle se donnait jadis à l'égard de ce manque de respect! Elle connaissait des délits de presse, même des sermons attentatoires à sa dignité; elle décidait — ainsi que nous le dit M. Palgrave — que bousculer un membre, lui enlever son manteau, voler sa voiture et ses

(1) Les « whips » du gouvernement occupent des postes officiels, presque des sinécures, mais grassement rétribuées. Quant à ceux de l'opposition, l'espoir du bonheur à venir les soutient.

chevaux, frapper son domestique, prendre ses lapins, élaguer ses arbres, pêcher dans ses viviers, tuer ses moutons, étaient des offenses contre le parlement. On alla même — à une époque assez reculée, il est vrai, en 1641 — jusqu'à envoyer le sergent d'armes et ses aides à la recherche d'un cadavre afin de le faire restituer à un membre. Ce membre, exécuteur testamentaire, s'était chargé de l'enterrement d'un ami. Il y eut débat avec la famille, qui fit disparaître le corps pour procéder elle-même aux funérailles. Alors, le membre s'adressa aux communes, qui prirent action en la cause et firent restituer le défunt à leur collègue.

On mettait ceux que la chambre condamnait dans d'étroites cellules, on leur faisait subir le pilori et, déclaré innocent ou coupable, il fallait se mettre à genoux pour écouter le verdict prononcé par le speaker. La résistance d'un homme courageux, l'honorable M. Murray, fit renoncer à cette humiliante coutume. Accusé de procédés illégaux aux élections de Westminster en 1751, il refusa de s'agenouiller à la barre de la chambre. On l'envoya à la prison de Newgate, où il resta quatre mois. Sa captivité fut rendue très dure et on le mit au secret, mais il tint bon et il fallut bien le relâcher à la prorogation du parlement. Cet échec fut une leçon salutaire; on abolit les génuflexions, et un appartement convenable, dans le palais législatif lui-même, remplace depuis longtemps la cellule de la geôle de Newgate pour les contempteurs des privilèges parlementaires. Un avoué y a subi une détention de plusieurs mois, et M. Bradlaugh l'occupa il y a trois ans. Ce fut aussi dans le courant de la même session que le sergent d'armes — aimable septuagénaire aux façons courtoises — fut chargé d'expulser une trentaine de robustes Irlandais refusant de se soumettre au règlement. Heureusement qu'ils furent de bonne composition et obtempérèrent à sa sommation. On voit donc que le poste de sergent d'armes n'est point une sinécure et que les représentants de la nation s'arrogent un pouvoir refusé à la couronne, celui d'emprisonner un citoyen de la libre Angleterre sans procès et sans jury et, de plus, sans qu'il ait le droit d'interjeter appel.

Pour terminer cette étude, il nous reste à envisager la chambre sous le point de vue social. L'assemblée est composée dans sa presque totalité de trois éléments, hommes d'un grand mérite personnel, possesseurs de grosses fortunes et héritiers de noms illustres. Peu ou point de membres sans patrimoine; peu ou point sans une certaine instruction. Encore bien qu'on ait passé plusieurs lois de réforme électorale, qu'on ait diminué le cens d'éligibilité, les constituants les plus démocrates, de préférence à l'un des leurs, choisissent volontiers pour les représenter un rejeton de noble race, faisant étalage de libéralisme avancé. — Sir T. D. Acland, le doyen de la chambre, ou peu s'en faut, disait, en 1880, en proposant de réélire M. Brand comme speaker : « Cette ass[illegible]e est celle des communes de l'Angleterre, nous représentons le peuple anglais. Ceux qui siègent ici savent que nous avons la confiance de ce peuple, qui nous envoie des hommes ayant droit sous tous les rapports au titre de « gentlemen » anglais. Les qualités qui distinguent un « gentleman », soit qu'elles se trouvent chez des personnes de haute naissance ou d'origine humble, sont également appréciées par le pays et par nous. »

Le descendant d'une longue lignée d'ancêtres, quand même il n'aspire pas à fournir une carrière politique, ambitionne la position de membre du parlement. Au palais de Westminster, il se trouvera dans son milieu; et le nouveau riche, qui serait fort embarrassé de découvrir parmi ses ascendants les trois générations requises — d'après le dicton anglais — pour former un gentleman, espère s'y entourer de cette auréole de bonne compagnie qui lui manque. Par-dessus tout, la chambre se pique d'avoir bon ton; elle a horreur de l'exagération, des mauvaises façons, du style déclamatoire, plus d'un démagogue qui s'était promis et avait annoncé à ses constituants qu'il dirait son fait à l'oligarchie de Westminster, s'est senti amoindri, tenu en respect par la dignité du speaker et le dédain perçant à travers la cérémonieuse courtoisie de ses collègues. Il y a quelques années, un avocat d'un grand talent, mais qui laissait à désirer sous certains rapports, ne put trouver deux membres disposés à lui servir de parrains et à le présenter, d'après l'usage, au speaker. M. Bright et un autre député se chargèrent finalement de la tâche, en expliquant bien qu'ils le faisaient par respect pour le système de la représentation nationale et non par sympathie pour le nouvel élu. Si M. Gladstone n'a pu décider sa majorité, généralement si obéissante, à soutenir M. Bradlaugh, c'est que ce dernier pèche autant par l'absence du bon goût que par le manque d'orthodoxie.

Sans doute, comme nombre d'autres assemblées, les communes se laissent aller par moments à des mouvements tumultueux, à des glapissements peu polis. Tels membres se font une renommée par leur façon d'imiter le chant du coq et autres bruits de basse-cour, et quand un orateur prolixe ou impopulaire fatigue son auditoire, celui-ci se révolte parfois et lui couvre la voix d'exclamations peu flatteuses ou d'accès de toux qui le forcent à se rasseoir. M. Disraeli lui-même, à ses débuts, fut victime d'un incident de ce genre, dû, non pas à son manque d'éloquence, mais à certaine exubérance de gestes et à certains détails de toilette rappelant les tendances théâtrales de la race sémitique et son penchant pour les couleurs voyantes. L'exception confirme la règle; la chambre se montre en général digne, patiente et surtout bienveillante pour les débutants.

Dans le palais législatif se trouvent une bibliothèque excellente, un fumoir des plus confortables, une salle à manger spacieuse. Les différences de parti n'empêchent pas les bons rapports; les gens d'esprit ne manquent pas; on y débite les derniers bons mots; tout ce qui se passe de nouveau dans le monde entier s'apprend de première main; c'est le meilleur club de Londres, et s'il y faut passer parfois de longues heures, il fournit par cela même une réponse toute trouvée à l'épouse inquiète qui s'enquiert de la façon dont son mari emploie ses soirées.

FIN

TABLE

PAGES

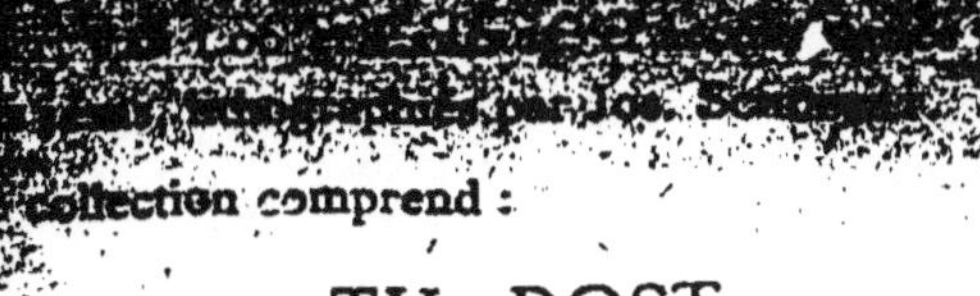

collection comprend :

TH. BOST

avec lettre-autographe et portrait lithographié par Labargé

CÉLESTIN MARTIN

avec lettre-autographe et portrait lithographié par Schubert

ROBERT CENTNER

avec lettre-autographe et portrait lithographié par Schubert

JACQUES HENRION

avec autographe et portrait lithographié par Van Loo

EUGÈNE MÉLEN

avec autographe et portrait lithographié par Van Loo

Prix du volume avec portrait et autographe, 2 fr. 50

Prix du grand portrait, 6 fr.

www.ingramcontent.com/pod-product-compliance
Lightning Source LLC
LaVergne TN
LVHW020354230826
846091LV00003B/1104

9782013451079